让你大吃一惊的科学

如何用沙拉酱拯救世界

以及其他稀奇de科学问题

【英】托马斯·伯恩(Thomas Byrne)　【英】汤姆·卡西迪(Tom Cassidy)◇著
范秀华　唐再凤◇译

上海科技教育出版社

图书在版编目(CIP)数据

如何用沙拉酱拯救世界:以及其他稀奇的科学问题/(英)托马斯·伯恩,(英)汤姆·卡西迪著;范秀华,唐再凤译.—上海:上海科技教育出版社,2017.7(2022.6重印)

(让你大吃一惊的科学)

书名原文:how to save the world with salad dressing

ISBN 978-7-5428-6513-7

Ⅰ.①如… Ⅱ.①托… ②汤… ③范… Ⅲ.①科学知识—儿童读物 Ⅳ.①Z228.1

中国版本图书馆CIP数据核字(2016)第276415号

献给父亲母亲

尽管不时地咆哮，但你们就如厚实而粗糙的砖砌成的墙，始终是孩子们的依靠。

目录

引言

这本书的诞生源自两个愿望:一是将所有最好的科学问题结集成册,二是尽可能拥有更多无厘头的幽默。

因此,在接下来的100多页内容里,你不仅会看到名副其实的最棒的科学问题大杂烩,而且会碰到邪恶的天才、争吵的家禽、灭绝的鸟类、杂耍以及通俗而荒谬的杂音。

尽管如此,我们相信,如果你继续探究,你会发现,在滑稽可笑的外表之下,这本书是多么的深刻隽永。当然,也可能你什么也发现不了。

无论怎样,衷心地希望你和我们一样喜欢它。

问题

文中的一部分问题令人摸不着头脑,并非是因为它们涉及量子力学、巫术或深不可测的爱因斯坦理论,而是因为这些问题虽然建立在简单的科学概念基础上,却需要采用特别的非常规的方法才能解决。解决方案几乎不需要用到任何公式——也许只有两个问题真正有必要给出完整的解——所以没有繁琐的公式和像教科书那样的求解过程。因此,除去最刁钻的几个问题外,即使对于外行来说,只要肯努力,也可以接受。

话虽如此,我们还是怀疑不少读者距离在学校中学习科学课程的日子已经很久了。因此在引言的最后,我们做了简单总结,提供了大量解决大部分问题的信息。这些信息还需要与缜密的推理、偶尔的灵光乍现相结合，当然这必须由你自己来完成了。

本书提供了许多问题及其解决方案，包括多个关键的统计学数据(身高、体重、密度等)。为了避免重复，所有相关数据列入本书最后的详细附录中。

这些问题本身的难度跨度较大。因此本书这样安排：前面的问题相对容易，用以放松和适应；后面的问题随意混合，所以从第二部分开始你须全身心投入。为了让你提前知晓问题难易程度，每个问题会用一到三颗星表示难度等级。

等级	描述
★	本书中相对容易的问题，但即便如此，它们和在公园里散步那种休闲可差远了。仔细思考，当你看着牛顿学说而满脑子浆糊时可以翻阅科学指南。毫无疑问你会很快找出解决方案。
★★	这类问题有些棘手。它们灵活地从科学角度出发，不同于科学课上平庸的套路。尽管如此，你也不要着急，文火慢煨。最终答案自会揭晓。但也可能没有答案，这真的很难说。就像“肺痨”一样，没治。
★★★	这些问题是书中最难的。它们通常把科学带到了明显晦涩的领域，需要我们具备相当的创造力才能解决，也许会增加你体内的胆固醇含量噢！记得带上绿色蔬菜和矿泉水。

话虽如此，这些评级最多也就是大概，并没有公认的可信性。人们的思维方式不同，一个问题对于有些人而言可能难以理解，而对其他人来说可能很简单。因此，如果你发现自己被一星级的问题难住了，请不要沮丧。也许一个简单问题让你绞尽脑汁，但你也可能会高兴地发现，没费什么力气你就解决了一道更难的题目。

指导

依照上文所述，这些问题往往围绕着稀奇古怪、边缘性的科学展开。用一本写满公式的教科书，或是在打字机上敲下高深的语句或许会得出答案，但这都不是解决问题最有趣、最迅捷的方式。相反,你可以跳出条条框框,尝试从不同的角度看待这些问题。不过,最重要的是,不要期望在很短的时间内顺利得出答案。有时解题过程会简单顺利,但总的来说会像半场马拉松而不是短跑冲刺。我们做题应该是这样的:读题,思考,离开一会儿,或者喝瓶运动饮料,回来,再思考……

第一遍读题时做点笔记至关重要:在脑子里(或是其他地方)记一下该问题到底讲了什么。在这一点上,一个小小的理解错误可能就会浪费一个好的反思机会。每个问题结束后有关键点提供,启发思考。但是每一道题目中特定的语句往往包含更多的细节。搞清楚自己不懂的和懂的东西同样重要:一定要始终保持警惕,提防你的头脑做出不正确的假设。我们的大脑每天做出数以百万计的想当然的假设,事实应当如此——没有这些假设,日常生活将无法进行。然而在解决问题时,一些小小的假设往往会造成严重的后果。因此,第一步是仔细审题,审题之后,按照给定的条件,再走下一步。当然,如果审题出现问题,可以从头开始再来一遍。你必须质疑自己的假设,但有一点可以放心:没有一个答案会是超人的孩子、小侏儒或者类似的东西。所有必要的信息都包含在问题当中了。

你要牢记的另一件事是,尽管部分问题可能需要根据科学原理进行思考,但还有很多问题只用到实践和实际生活中的经验。当然,我们很容易马上知道哪个是更好的方法,但不要陷入教条主义的理论框框而忽略了现实世界。实际上,思想实验,也就是爱因斯坦所谓的头脑实验往往是十分有效的。"我在奶奶家的游泳池里游泳时发现,企鹅没有沉下水。"在此基础上构筑答案更容易为人接受,也更切合主题的精神。相比之下,用"阿基米德原理"得出的答案就不是这样了。

即便是采取放缓节奏、降低预期、排除想当然的方法,你偶尔也会发现这些问题超出了你的知识领域和天赋范畴。为了及时为你提供帮助，在问题的最后，每个问题我们都提供了四个提示。它们表示逐步递进的四个步骤，引导你解决问题。前两步会在正确的方向上给出两个小小的提示，第三步是一个较为明显的提示，第四步离正确答案只有一步之遥了。我们建议，如果仔细思考之后你发现自己仍然迷糊，那就去看看第一个提示，然后进行进一步的思考。如果仍然找不到突破口，看看第二个提示，再思考一下，再看第三个提示。如果问题特别麻烦，这些提示都无法让你切入正轨，那就放一放，跳到下一个题目，以后有时间再回过头来看一下，或许将会有全新的视角。当然，如果你绞尽脑汁，看完了提示还没思路，那么书后还备有答案。但是，解决一道真正的难题是最能让人感到满足的活动之一，偷偷瞄一眼答案，虽然得到了快感，但随后一定会有失落感，怪自己没有进一步认真思考。

最后，很多问题都可能有好几个可能答案，有些答案很明确，有些需要简单推理后得出，由你来判断哪一个是正确的。如果只有两种可能，那即使是一个目不识丁的“野牛”也能蒙对一半答案。当然，相比正确的答案，为解题而思考、理解解题过程更为重要，更加有趣，哪怕结果是错的也无妨。因此，不要一时兴起，或是为了宣布原来“那个”是对的，而禁不住诱惑翻看答案。

下一章为《科学指南》。如前所述，它是基础的科学知识，你的学问完全有可能远远超过其中讲述的知识范围。尽管如此，有关问题和解决方案的总体原则还是很有用的。

接下来请阅《科学指南》，我们没什么要说的了，祝你好运！旅途愉快！一路平安！

就这样，祝你好运！旅途愉快！一路平安！

科学指南

为了使大多数读者可以理解全书(或书中的大部分内容),同时也为了能让读者在缺乏科学知识背景的情况下享受阅读本书的乐趣,我们真的殚精竭虑。因此,正如引言中所承诺的,这部分大致总结了构建书中许多问题的主要科学概念。概念阐述并不详尽,如果只是一两个问题涉及的概念,我们会略过不讲,如果太过具体,实际上就相当于答案。也就是说,这些很少提及的概念相当直观,你的生活经验已是充沛的知识源泉,即使你不了解专业术语,理解它们也不在话下。例如,您可能并不是很了解热力学第二定律,但即便如此,你可能也会知道,如果将滚烫的锅放入冷水之中,锅会冷却,水将升温。所以,即使一个问题似乎超出了本节的信息领域和你的知识范围,也不要放弃:所需的知识肯定在你的头脑之中。

重力和质量的区别* 重力和质量尽管相关却是完全不同的概念。不幸的是,人们常常将它们混为一谈。比如,我们说到重力,他体重 70 千克。从科学的角度讲这种说法并不完全正确。下面将会解释为什么……

质量是衡量一个物体包含多少物质的概念,表示它由多少原子和分子组成及它们是如何排列的。质量是按千克计算的。重力主要是量度地球引力对质量的作用力,单位为牛顿(简写为 N)。无论你

* 原书涉及的重量概念在本书中根据实际情况用质量或重力表示。——译者

身在宇宙何处，质量是不变的，而重力则取决于很多因素：地球引力、其他的力、物体的相对运动和测量装置等。例如，一袋1千克的糖，其质量永远是1千克，但它的重力可以有所不同。在地球上，它的重力大约是10 N，在月球上，它的重力约1.6 N，这是因为月球的引力比地球弱得多。在“深空”(远离任何恒星或行星的地方)将会没有重力，因为在那里这袋糖上测不到重力作用。这也解释了自由下落物体的“失重”状态以及热气球上升时被其浮力托在半空中的物体的“超重”状态。

能量 能量永远不会消失，只会从一种形式转换成另一种形式。例如，你的烤面包机的工作过程就是将来自插座的电能转化成热能。或者在一个物体滚向山顶且速度减慢的过程中，由动能转换成势能。如果它在滚下山，那么在加速的过程中存储的势能将转换成动能。在现实世界中，大量的能量通过摩擦转换成热能或声能消散到周围环境中……

摩擦力 如上所述，它是你正在考虑的特定系统中造成能量流失的作用力，很多时候是有意为之。例如，汽车刹车的工作原理就是将驱使车子向前运动的动能转换成热能，突然刹车还会产生声能，不过声能会消散到环境中。这就是摩擦力的作用。

然而，就本书的问题而言，在牛顿物理学中，摩擦作用是让移动物体的速度变慢的原因，同理，摩擦作用会使物体做起步运动更为困难。如果你在地面上滚动一个球，摩擦作用最终会让它停下来(就像有一堵墙挡着)。

空气阻力是阻碍物体在空气中移动的力。它与摩擦力的作用差不多(使速度变慢等等)。

除非另有规定，解决书中的问题一般忽略摩擦力和阻力的影响。不然往往会舍本逐末，使问题复杂化，妨碍我们探寻问题的核心，学习有趣的科学。

要改变物体的速度需要施加外力 根据牛顿第一运动定律,物体的速度——包括方向和大小——只能通过施加作用力来改变。如果你沿着地板滚动一个球,球将沿着一条直线运动,除非施加外力,例如有人踢它一下。但因为球与地面之间的摩擦力,球最终也会停下,如果没有这种摩擦力,它将永远运动下去。这样的情况发生过吗?太空深处的物体,不受重力或摩擦力的影响,确实会永远沿着同一方向以同一的速度一直运动下去。

力=质量×加速度 这是牛顿第二运动定律,你理解起来非常容易。移动一个物体所需的力等于物体的质量乘以它的加速度。

每一个作用力都存在一个大小相等方向相反的反作用力 根据牛顿第三运动定律,力的作用是相互的。也就是说,如果你推一堵墙,墙会以大小相等方向相反的力反作用于你自己。所以质量为70千克的人站立在地板上时,人对地板的压力约为700N,地板就会以约700 N的支持力反作用于这个人。

漂浮在水中的物体排开水的质量等于它自身的质量 所以将重1000千克的船放在水中,船在水中会有一定的深度,这样船的水

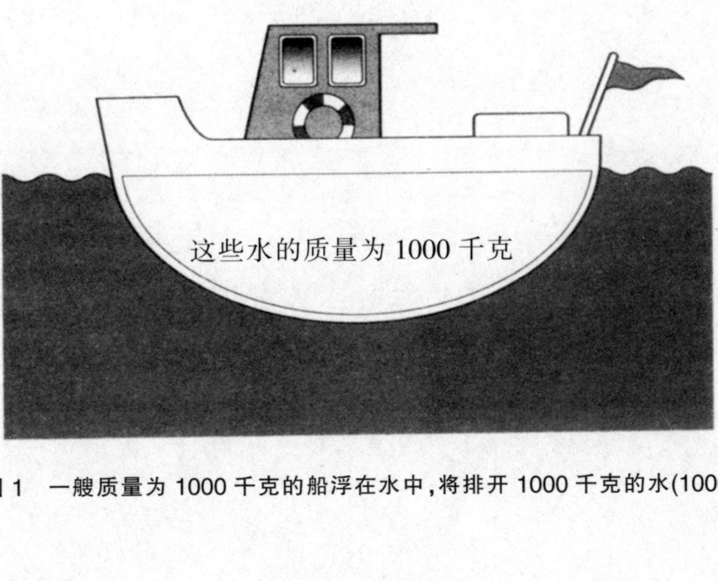

图1 一艘质量为1000千克的船浮在水中,将排开1000千克的水(1000升)。

下部分的体积等于1000千克水的体积。这种等量的规律确定了向上的力(浮力)的大小,使船能够浮在水中。

物体浸没在水中,无论是已经沉没还是正在下沉,受到的向上的浮力等于它排开的水的重力。所以,体积为3升的物体浸没在水中,不论它的质量是多少,都将受到数值上等于3升水所受重力的浮力。

为简便起见,本书使用国际单位制(SI),也就是千克、升、牛等。

第一部分

大幕开启：加入「大地之友」

3 大幕开启：加入“大地之友”

埃里克·范·巴斯滕是世界上首屈一指的邪恶天才。他的壮举一半是传说，一半是真相，真伪难辨。比方说，众人皆知他年仅十七岁就单枪匹马创造了世界上最强大的犯罪帝国——范·巴斯滕有限公司(缩写为VBC)。我们并不知道他是否真的是《窃取威尔士》六个月中的主角，然而，范·巴斯滕有限公司是《地产大亨》盗版游戏的全球垄断者，这可是板上钉钉的事实。也没有人搞得清楚，埃里克到底是不是第三只甲壳虫*，亦或真相只有他自己知晓。

所有这些故事姑且不讲，反正我们知道据说一年多以前埃里克在一场烈焰中消失了。后来，美国联邦调查局宣布其死亡，不再列为通缉要犯。消息一出，举国欢腾。然而，新的信息曝光后，人们发现之前的消息不太靠谱，甚至大错特错。埃里克仍然活着。

事实证明，他的失踪以及所谓的死亡是一场精心设计的骗局，目的是让他平安退休，不受世界各国政府的肆意迫害。其实，埃里克非但没有死，他在巴塔哥尼亚生活的那一年简直就像国王一般。

哎！退休生活并没有令埃里克感觉滋润，无所事事的单调生活变成日益沉重的负担。他总喜欢给自己找事做，即便如此，他还是很快发现，自己实在太聪明了，简直无所不能。他能量出一段绳子的长度，也能理解人生的意义，还能数数，一直数到无穷大，居然还能数回来。数了足足两回。《甜心俏佳人》的碟片都磨坏了，日子真是没劲，“做回坏蛋”的渴望又燃烧了起来。他缴械投降了，启程返回旧地，再次掌管他那强大的帝国。

---

* 第一只甲壳虫是披头士(英国著名摇滚乐队)，第二只甲壳虫是巴西电影《甲壳虫》(主要讲述巴西一名苦工与恶势力斗争的故事)。——译者

从那以后，他重操旧业，横冲直撞，欺行霸市，人神共愤。世界上只有一个希望……加入“大地之友”！

“大地之友”是世界顶级的环保组织。它的创建者是之前组织的一名资助者。“大地之友”很快青出于蓝，成为大自然坚不可摧的堡垒。“大地之友”发现，世界气候变化14%来源于范·巴斯滕有限公司最新的阴谋活动，他们即刻采取行动，决定铲除范·巴斯滕有限公司这个污染的罪魁祸首。

埃里克天赋异禀，接连几次挫败“大地之友”企图摧毁他公司的行动。尽管“大地之友”想尽办法，左冲右突，依然无法与埃里克博学的头脑匹敌。他们屡战屡败，但仍然为了高尚的目标继续斗争。终于，谢天谢地，他们发现，看似完美的埃里克有一个缺点可以利用：他的科学有点投机取巧。自此以后，“大地之友”总部的墙上挂满了元素周期表，手枪套、塞满了试管的刀鞘和本生燃烧器，他们的作战套路中全都渗透进了科学技术。

“大地之友”对破坏森林零容忍的态度从未动摇，这种新型的斗争手段也颇为有效。因此该组织最近成为凯丽的电视纪录片《莉亚大战大地之尘》的主角。结果大批申请者激烈角逐，竞相参加片中他们认为了不起的一个研究生培养项目。尽管项目文献中有许多恼人的植物隐喻(诸如“我们将把你的小树苗培养成伟大的橡树”，“在生活中取得成功需要强大的根基”，甚至“问问叶绿素就知道，绿色是一种生活方式而不是一种爱好”，等等)。你决定加入他们神圣的斗争。硬汉拓展营的荣誉学位、休闲穿着以及丛林生存技能帮助你成功通过第一轮面试，但现在加入“大地之友”需要你证明自己拥有科学进取心。

这次选拔程序十分严格，由科学奇才伊桑来协调和组织。他在青年时期遭受过一次放射性物质的侵害，结果发现自己被赋予了了不起的本事：能创造出一个完美的降E调以及非凡的音高辨别力。虽然他对自己新的“超级能量”派不上用场感到不满，但是他下定决心要用上一次，发表一首流行单曲：E调舞曲。然而，埃里克的《邪恶偶像》击败了他，登上了排行榜最新榜首，这可气坏了伊桑。伊桑觉得自己原本有机会成为流行乐坛的明星，是埃里克毁了自己，于是发誓要进行报复。他立即加入羽翼未丰的“大地之友”，并负责为伯利兹分部招兵买马。

如果你也想成为“大地之友”的一员，你需要让伊桑对你印象深刻一些……

问题1：尼泊尔盛会

尽管考验科学天赋的第一个测试十分简单，但这却是伊桑精心设计的，以确保人尽其才。伊桑是个花钱大手大脚的人，为了摆出一个大阵仗，可让有关部门的预算遭了殃。

伊桑将一架巨大的电子秤摆在所有申请者面前，上面放着一只体积适中的大水箱，里面装着水。水箱上面的天花板上吊着尼泊尔登山导游舞蹈团的首席舞蹈家伊卡娜(伊桑是她的忠实粉丝)。此刻，伊卡娜被人小心翼翼地放低，一半身体浸在水中，一半身体露在水面上。

大家要回答的问题是：伊卡娜完全进入水中会不会影响电子秤的读数。她下水时，依然由绳子吊着，不会接触到水箱底，所以……

图2　伊卡娜被吊在半空，一半身体浸在水箱中。

你怎么想的?为什么?

关键事实

● 电子秤上放着一只大水箱。

● 尼泊尔登山导游舞蹈团的舞蹈家——伊卡娜被绳子吊着放下，使她的身体部分浸在水中。

挑战

判断此过程是否会影响秤的读数。

难度等级：★

问题2：谁在那儿？

这个问题同样十分狡猾，不过它会帮你找到思路，解决本书中其他更难的题目。跳出盒子，不走寻常路！这是一个佯谬，因为盒子里有一只死的又是活的猫*。

在你和其他申请者面前，伊桑摆了一张桌子，桌上放着两个大小相等的容器和一只杯子。两个容器都是半满，一个容器里装着番石榴味的汽水，另一个容器里装着汽油。伊桑用空杯子从第一个容器中盛满番石榴汽水，倒入盛有汽油的容器中，充分混合。然后将刚刚混合好的番石榴—汽油液体装满杯子，倒回第一个容器中。

他将这个动作反复做了七次，给初出茅庐的大学毕业生留下这样一个问题：现在两容器中的液体哪个较纯些，是汽水还是汽油？

关键事实

- 两个相同的容器，都是半满的。
- 每个容器装着不同的液体。
- 从第一个容器中取一定量的液体，比如说x毫升，将其倒入第二个容器中。
- 从第二个容器取相同量的液体，倒入第一个容器中。
- 这个过程重复七次。
- 此过程结束后两个容器中有相同数量的液体。

挑战

现在判断，两个容器中哪一个所装的液体较纯些，是汽水还是汽油？

难度等级：★

---

* 这是一个称为“薛定谔猫”的佯语。——作者

问题3：向石油大亨射击

“大地之友”的大部分选拔程序以及训练项目都是在靶场上进行。一个人的学习成绩优异很重要，但单凭三段式演绎推理就想拿下一个环保主义者的头衔可行不通。

因此，你和其他申请者换了行头，身着阿尔·戈尔专利生产的战士迷彩服（纯绿色），加入一个血腥的游戏：向石油大亨射击。伊桑是一个敏锐的考官，尽管这场游戏一片混乱又充满暴力，但他再次决定通过一个相当有趣的问题测试一下你的能力。

他一只手里握着一把子弹上了膛的手枪。另外一只手里拿着一发子弹，子弹的口径和枪膛里的那一颗相同。两只手举在同一高度。他所提出的问题是：如果他平行于地面朝前射击，同时撒开另一只手，任手中的子弹自由下落，此时哪一颗子弹先落地——射出的那颗，还是自由落下的那颗？

这是一把非常老式的手枪，类似于因纳尔逊等人用过而倍受欢迎的那种，子弹是圆形金属球，发射时不会损失任何质量(如弹壳、无烟火药等等)。

现在，你怎么想的?

关键事实

- 一只手里是一把子弹上膛了的老式手枪。
- 另一只手里是一颗相同的子弹。
- 双手在同一高度。
- 在同一时刻，枪平行于地面射击，另一只手上的子弹自由落下。

挑战

判断两颗子弹中哪一颗先落地。

难度等级：★

问题4：游泳池中的恶作剧

伊桑组织候选者去当地游泳池游泳，但是大家首先必须回答下面的问题，然后才能尽情玩耍(有一个滑梯) 。

伊桑坐在游泳池中间的一艘小船上，和他一起的还有一只企鹅、一头野牛和一只企牛———一种罕见的企鹅和野牛的杂交物种。

你和其他申请者必须回答的问题是：当伊桑将它们一个个放入池中，泳池水位会发生怎样的变化。

第一个被放下的是企鹅。企鹅是游泳健将，很自然地，它一个猛子扎到池底，和伊桑事先放在那里的玩具嬉戏起来。有趣的是，企鹅的密度和池水的密度一样。这也是问题的关键之一。

第二个放下的是野牛。不幸的是，野牛天生不会游泳，浑身还穿着锁子甲，于是一下子沉到了池底。不过不必担心——野牛水下功夫不行，却因此进化出一项了不起的本事：屏气时间长。所以，至少到现在，水牛还是没事的。

最后下水的是厉害的企牛。基因杂交而生的它尽管不是游泳健将，身体的密度却可令其漂浮于水面，身上的毛还是干的。

你们的任务是，判断出每头动物进入泳池后，其水位有何变化。

关键事实

- 伊桑和企鹅、野牛、企牛坐在船上。
- 动物们一个一个被放入泳池中。
- 企鹅是游泳健将，会游到池底附近。
- 野牛穿着锁子甲，沉到池底。
- 企牛浮在水面上。

挑战

有三重挑战。你必须判断：

1. 企鹅进入泳池后，水位发生什么变化——水位上升、下降，还是保持不变？

2. 野牛进入泳池后，水位发生什么变化——水位上升、下降，还是保持不变？

3. 企牛进入泳池后，水位发生什么变化——水位上升、下降，还是保持不变？

难度等级：★

问题5：上校，鲨鱼！

在游泳池中大家都很兴奋(滑梯可真不小),伊桑和候选者们似乎都没注意到有一条长约6米的鲨鱼在水中游来游去。

饥饿好战的大白鲨开始想在企鹅身上试试运气,但是没有抓到这只灵巧的动物。它转而攻击野牛,但是它的牙齿无法咬穿锁子甲。最后,它发现了漂来漂去乐颠颠的企牛,于是一下子抓住它的一条腿,把它拖入水下。

大伙儿气坏了,七嘴八舌地叫嚷开来。伊桑即时发现了一个机会来测试大家的科学天赋:企牛被拖到水下后,水位将发生怎样的变化呢?

关键事实

- 企牛漂浮在游泳池的水面上。
- 池中有一条鲨鱼。
- 它把企牛拖到了水下。

挑战

判断这会对水位造成什么影响。

难度等级:★

问题6：这个笑话有点恶心

随着测试的进行，在环保方面技逊一筹的申请人被淘汰出局，只有少数技压群芳的人留了下来，迎接更多的挑战。幸运的是，你是优胜者之一。

走进测验区你们就会看到，伊桑站在一台看上去极其普通的体重秤上。但是，他解释道，这台体重秤相当灵敏，可以识别毫微克级质量的变化——约为人类一根头发的质量级别。不过这只是我们的猜想。

伊桑接着说道，前一天晚上他做了件蠢事，让伊卡娜给他做了那不勒斯传统风味的咖喱饭，吃下后他的肠胃就开始翻江倒海。真不愧是教授，他把这次不幸事件改造成了一个考验余下申请人的测验。

体重秤上的读数正好是85.914562753千克，这时伊桑告诉说，他感觉到下腹一阵骚动，随时会释放出气化的“美味小甜心”。不过，在它释放出来之前你必须判断：这个突如其来的甲烷气体排放会对秤的读数、伊桑的体重、伊桑的质量产生什么影响？

不要浪费时间噢，肠道的隆隆声越来越大了！

关键事实

- 伊桑站在一只非常非常灵敏的体重秤上。
- 他放了一个屁。

挑战

判断这个过程会对以下数据产生什么影响：

1. 体重秤的读数。
2. 伊桑的体重。

3. 伊桑的质量。

难度等级：★

问题7：带着磁铁去赛车

选拔工作接近尾声，胜出者即将得到期待已久的回报。这次的选拔赛可用多个连字符号表示的：废料—堆—生态—友好—赛—车—挑战。规则简单，竞争激烈。随之而来的失望也可能非常大。

选手必须通力合作，设计制造一辆车，进入横跨波利维亚中部险恶雄伟的卡莱拉山。然而，这项任务遭到了环保主义者的限制：该车必须完全由再生使用的废弃物建成，而且，更加重要的是，它必须是超节能的。

在最近的十年，这一限制毫无例外地导致了“大地之友”的车辆输掉比赛。除了带来机械性能低下的名声外，这也使得公司的士气一泻千里。现在的“大地之友”下定决心要胜过前人。这组候选者坐下来，像面临世界末日般疯狂地进行了一场头脑风暴。他们很快就想出了一个方案，对他们而言，这要么是不容置疑的天才之举，要么是十足的败笔。

他们决定，造一个顶上带有吊臂的铁轿车。用吊臂——这就是天才之举（或抓狂的败笔）——把一块巨大的磁铁吊在车子的前面。他们深信，这

图 3　一种新型马达？

块磁铁会吸着这辆铁车,拖着它向前走。这一方案已经在设计图纸里完整地呈现了出来。

在大家忙着各自寻找焊接设备之时,一个同伴注意到,你对这个让人兴奋到尖叫的点子似乎无动于衷，好奇心驱使他询问你对这个方案的看法。

你觉得这个方案怎么样?

这是个不错的方案吗?

关键事实

- 顶上带有吊臂的铁车。
- 吊臂前方吊着一块磁性极强的磁铁。

挑战

判断这个方案是相当好呢,还是相当糟糕?

难度等级:★

问题8：大炮谜团

这是你和其他候选者必须参加的第七个也是最后一个测验。伊桑始终如恶魔一般，他才不管那些候选者会不会满腹怨恨，而一定要他们在他那诡计多端、凸凹不平的脑袋下战战兢兢。

他对19世纪帝国主义充满热爱，对欧洲核子研究中心的大型强子对撞机饶有兴趣。受到这双重启示，伊桑花了几个晚上造了一台引人瞩目的大炮。这个源于伊桑灵感的不合时宜的混血儿，成为世上第一个(也许是最后一个)螺旋炮口的大炮，见图4。

每一个候选者必须回答这个问题——这次真是生死抉择——一旦炮弹离开炮口，它会沿着什么轨迹前进。它会离开炮口，从起点出发，继续沿着螺旋轨迹前进(图中轨迹A)，还是会沿着轨迹B以直线射出？

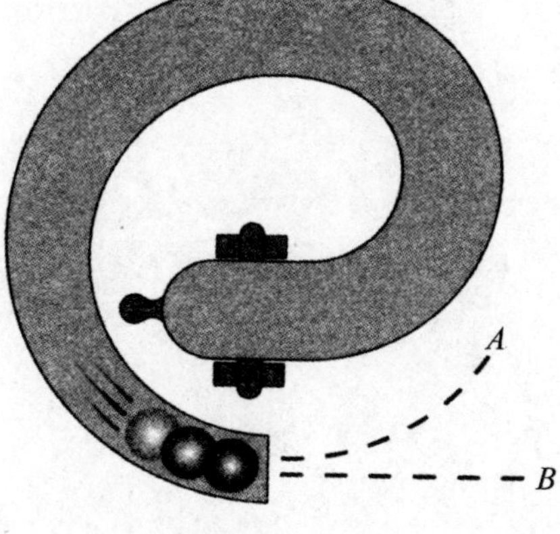

图4　螺旋口大炮

为了既展示出你对答题的信心，又表现出你为了环保事业将生死置之度外的决心，你和其他候选者要选择站在轨迹A或轨迹B的位置上，此时一枚 20 千克的铁炮弹会从大炮里射出。显然,你要选择站在最不可能被击中的地点。

你会选择站在哪里？为什么？

关键事实

- 带有螺旋炮口的大炮。
- 从大炮射出一枚铁炮弹。

挑战

判断炮弹离开炮口后的轨迹,从而为了安全起见,选择站在 A 点还是站在 B 点。

难度等级:★

第二部分

后勤纠纷

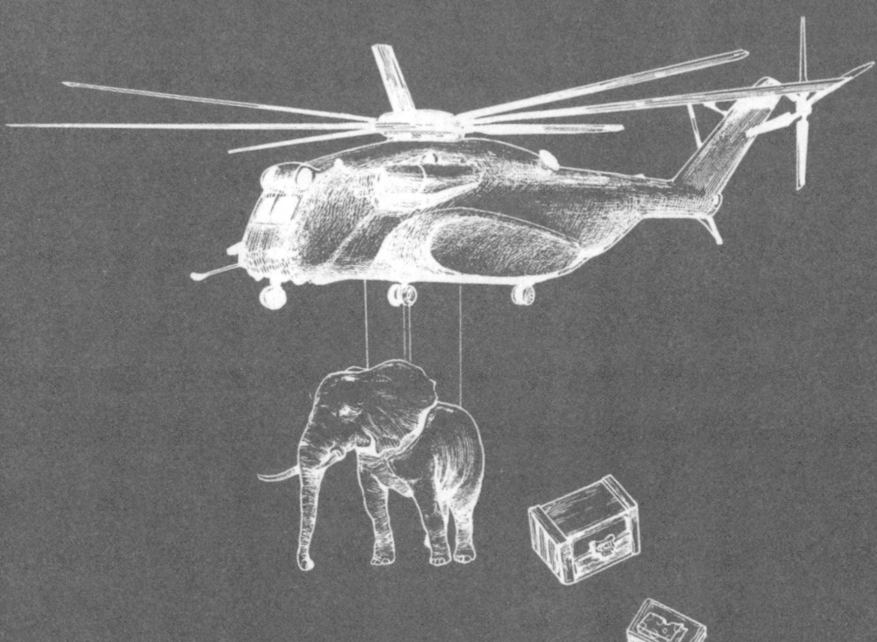

21 后勤纠纷

与此同时,在范·巴斯滕有限公司……

全球经济衰退使得众多普通人非常绝望,很多公司濒临破产,而这给范·巴斯滕有限公司带来了几乎前所未有的可乘之机。他们的业务需求狂增,这家欺诈公司的大楼承载力达到了极限,因此,董事会批准建造一座新的范·巴斯滕有限公司办公大楼。建造如此庞大大楼的项目,一定会有后勤纠纷。董事会自然是习以为常,因而委任了一位最资深的管理人员——汉斯博士做监理。

"大地之友"的上层管理者成功掌控着所有局面。你——他们的新雇员——被汉斯博士雇为助手,也就成为了"大地之友"的间谍。这个渗透计划赋予"大地之友"绝佳机会,你要尽一切努力去窥探范·巴斯滕有限公司的内部运作情况。他们希望你所获取的情报,将足以保证这个排污大户不再恣意妄为。

你的任务并不简单,因为汉斯博士可不是个性情随和的老板。他的第一部名为《时间的极简史》的作品只有 11 页,编辑认为过于"极简"而弃用,另外出版了一部稍微长一点的作品并使它的作者享誉全球。汉斯博士气坏了,从此不再混迹于学术界。埃里克发现了他内心的苦闷和抑郁,毫不犹豫地聘用了这位博士,培养着这些怨恨的情感,把这位曾经高贵的科学家变成了一位效率极高而又极其邪恶的雇员。从此以后,汉斯博士贪嗜着施虐过程的快感和塔巴斯哥辣椒酱而生活着,从对下属的惩罚中获得无穷的乐趣。他会急切地期待你发生失误,并对你严加斥责:不可以有任何失误。

哈!赶紧去吧,汉斯博士在等你呢……

问题9：企牛科学

“大地之友”严格的训练项目让你做好了充分准备，不过，在你备战执行第一个任务时，务必稍带点紧张的姿态：汉斯博士眼中闪烁着阴险的目光，手持短马鞭，发出刺耳的笑声，足以证明他渴望对你施虐。

他把你派到一个非常平滑因而没有任何摩擦的冻结湖面上，与建筑工地相隔不远。等待着你的是一只巨型集装箱，里面装满了东西——天知道到底是什么。汉斯博士给你布置的任务就是要确定里面物体的质量。不幸的是，为实现此目标，他给你提供的唯一设备就是一头企牛。更糟糕的是，这位博士还派来他的男侍从，一位信奉纯粹科学的人——电影《世界末日》的导演迈克尔——来观察你的计算方法，并向他汇报。

不过，一切皆有可能。因为这头企牛除了是漂浮能手外，还拥有三项绝妙的能力。第一项能力是它尾—如—拖—绳，尾巴受力的临界值正好是100N；第二项能力是它能保证尾巴以受力的临界值去拖动；而第三项能力是它拥有30米/秒的极限奔跑速度。而且，一旦达到这个极限速度，它的两只耳朵会像布加迪跑车上的气流偏导器一样张开，以便协助生成足够的阻力，保证它以恒定的极限速度运动。

考虑所有这些条件，你怎样来确定这只集装箱的质量，保证迈克尔用热情洋溢的语言汇报这一任务完成情况呢？

关键事实

- 载有未知质量的一只大型集装箱。
- 一头拥有以下能力的企牛：

  1. 充当拖绳的尾巴，其张力正好是100N。

2. 30 米/秒的极限速度。

3. 达到极限速度就张开的双耳。

• 非常光滑且没有任何摩擦的冰冻湖面。

挑战

判断这只集装箱的质量。

难度等级:★★

问题10:可可牛奶来了

你在完成前面的任务中表现优异,汉斯博士对你信心十足,准备将一个更艰巨的任务交给你。很讽刺的是,人送绰号"污染大王"的范·巴斯滕有限公司却很在乎能源使用效率。新的公司办公大楼建在格陵兰岛上,那里是坏人们的避税天堂。因此,做苦工的囚犯们需要不断地与北极的寒风作斗争。

与汉斯博士的野蛮苛刻完全相反,埃里克很好地招待了工人们,还为他们驱寒。大家都说汉斯博士剥削员工,这令他非常尴尬。他要努力摘掉这顶大帽子,甚至不惜帮助做苦工的囚犯们"造反"。因此,汉斯博士虽然心里不情愿,还是同意随时向工人们供应可可热饮。为了能够煮沸加奶制作的这种巧克力饮料,他租了两只大锅和两个加热器。这种电器在设计上与现在的电水壶异曲同工,放到饮料中即可进行加热。

劳作中的囚犯们越来越冷,越来越不安分,汉斯博士害怕上司不开心,于是交给你一个任务:尽快加热可可牛奶,分给工人们饮用。你有两个选择:你是将加热器分别放入两只锅中同时加热,还是先把两个热电丝放入一口锅里加热饮品到理想温度、再把它们放进第二口锅里呢?

哪种方法会让所有的工人尽快喝到热可可?这么做有意义吗?还是不如直接从星巴克叫上几杯卡布奇诺?

假定一旦可可热好,会有一个完美的分配到每位工人手上的方案,那么能不能尽快加热就是唯一的问题。

关键事实

- 两大锅的可可牛奶。

- 两个可放入可可中加热的电加热器。
- 很多又冷又饿的工人,手里握着镐头。

挑战

加热并让所有工人最快喝到热可可的方法是什么?

1. 两口锅里各放一个加热器同时加热?

2. 还是先将两个加热器放在一口锅里加热后,再将它们移到第二口锅内呢?

难度等级:★★

问题11:大企牛的反击

办公大楼旁边是一条大河。这个选址歪打正着,特别方便将建筑材料运到建筑工地。迄今为止,建筑材料都会卸在河岸边,然后转移到船上,再靠最强健的大企牛拖到上游。然而,企牛生性无常,它们是善变的动物,现在撂下挑子跑去帮忙建设对面小岛上的赌场了。

当然,这不至于令汉斯博士乱了阵脚,他决定采用核动力滑轮系统取代企牛。要想做到这一点,他需要知道牵引船至上游所需的力。因此,博士派你去搞个明白。

你到了那里,高兴地发现一些敬业的科学家已经在计算牵引一艘船逆流而上所需的力,而且还算得相当准确。棒极了。唉! 开头虽然精彩,如今他们却陷入了僵局。通常情况下,拉动一个物体上山所做的功,是克服摩擦力所做的功以及物体的势能变化(即质量×高度改变×重力加速度)的总和。

在船与河流这个问题里,已经计算出了摩擦力以及牵引船在水中行进所需的力。但是科学家无法决定是否应将势能的变化纳入考量的范畴。

科学家们展开激烈讨论,他们斯文不再,一套接一套公式,一个又一个想法,你来我往,火药味十足。现在由你来结束这场混乱,决定哪个阵营是对的:是那些说势能变化需要考虑的,还是那些说势能变化可以忽略不计的。

关键事实

- 牵引一艘船逆流而上。
- 拖拉物体沿斜面向上运动所做的功为:拉力做的功=克服摩擦力所做的功+势能的变化。

挑战

判断同样的公式是否适用于牵引船在水中行进这个问题。

难度等级：★★★

问题12：精美的铁质大象

尽管格陵兰岛为罪犯提供了一些慷慨的税收优惠政策，但是近来格陵兰岛对付禁运品入境实施了一套独门狠招。因此范·巴斯滕有限公司只能将重要的非法物资用空投的方法运到建筑工地。此外，为了逃过兢兢业业的海关官员的雷达探测，货运直升机不得不低空飞行。但如果飞行高度太低，降落伞都来不及打开，结果包裹直接从飞机上扔下来，也顾不上它们会落在哪里。

今天办公室里没什么事情，汉斯博士决定带上你去空投现场看看。这可不是去野餐或者春游，他是想再一次测试你的能力。

今天运送三件包裹。第一件是和战象俊波*同尺寸的铁质复制品（直升飞机足够大，而且汉斯博士沉迷于动物研究），第二件是一副精美的手工木雕棺椁（他对埃及也特别着迷），第三件是一盒萨默塞特奶酪（他讨厌这种法国垃圾）。

汉斯博士给你出的问题是这样的：如果三件包裹同时从直升机尾部扔出，它们着地的顺序是怎样的？

注意：回想一下，《科学指南》中我们提到，整本书中空气阻力忽略不计，这道题中也是如此。然而，从物品下落的高度（大于25米）来看，就算考虑到空气阻力，其影响也是可以忽略不计的。

关键事实

- 直升机丢下三件包裹：

* 战象俊波为2008年12月上映的印度动画电影《战象俊波》中的角色。——译者

1. 一件和战象俊波同尺寸的铁质复制品。

2. 一副精美的木雕棺椁。

3. 一盒萨默塞特优质奶酪。

• 在同一时间从同一高度掷下。

• 空气阻力忽略不计(如果你愿意,也可以考虑在内),如同山那边湖里的鲨鱼一样,速度快到可以忽略水的阻力。

挑战

判断物体着地的先后。

难度等级:★★

问题13：涓涓水流

在谋求范·巴斯滕有限公司一席之地的征途上，你已经走了一半。汉斯博士原本打算大费周章，连潜水艇也要排上用场，好好设计一个题目，测试一下你的能力和进步程度，但你的表现远远超出了他的预想。现在有个问题给他带来不小的烦恼，于是他决定让你放手一搏。

汉斯简直患有匀粗圆柱体强迫症，他发现新建大楼的水阀在放水的时候，水流会越来越细，心里特别不舒服。实际上，你在世界上所有的厨房和浴室里都会看到这个现象。如果你愿意，可以亲自在家里查看一下，只要水流不受外力干扰(如淋浴喷头或水阀出了问题)，你就会发现水流越长，这个现象越明显。

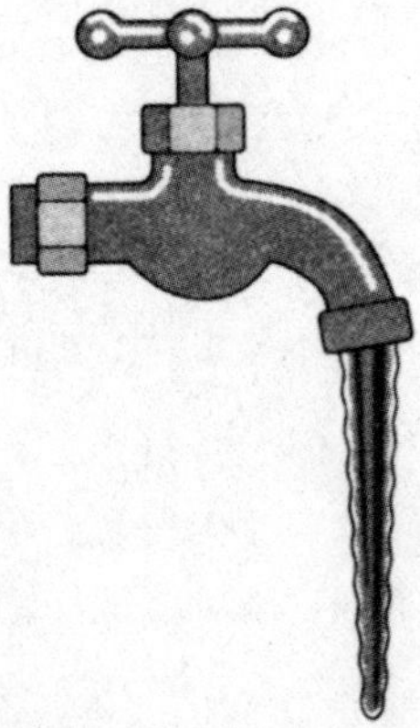

图5　打开浴室水阀后的水流状态。

在汉斯博士看来，别的地方出现这个问题也就罢了，可是这里是范·巴斯滕帝国最好的建筑。如果有法子却不使，放任水这样自流，他很难受。在着手解决这个问题之前,汉斯博士认为首先需要知道水流发生这种变化的原因。于是他派给你一个任务,找出这一现象的原因:为什么水阀流出的水越来越细呢？他要再次无情地打败你,你得断了他的这个念想。

关键事实

- 持续流水的水阀。
- 水越流越细。

挑战

找出这一现象的原因。

难度等级:★★★

问题14:只有一天的时间

汉斯博士大胆又狡猾,他游说西班牙国家银行的银行家,吹嘘自己屯积了大量的比塞塔币(这种货币目前已不再流通使用)。他们还真信了。他还套用若干名词短语,譬如“时区”、“国际日期变更线”和“千年虫”等,西班牙银行家们都傻了眼。就这样,汉斯博士设法让他们同意用这种废纸般的货币兑换欧元,期限延长至2020年。真是个天才!

其实汉斯博士就是个恶棍,他根本没有什么比塞塔币——至少没有真正的比塞塔币。他正在监理一个庞大的伪造货币工程,其虚拟价值已达一百万欧元。因为汉斯博士特别喜欢马球牌薄荷糖,他的这一大批全是面值为25比塞塔的硬币(这些硬币就像马球薄荷糖一样,外形奇特,中间有个小孔)。也就是说,那是一堆价值七百万比塞塔的硬币。

令汉斯博士气恼的是,和正版相比,虽然比例完全一致,这些硬币制作得略小了一点。西班牙当局已经启程前往格陵兰岛鉴别真伪,如果认定并非赝品就立即进行兑换。汉斯认为得想个办法,可是时间实在太紧了,不过还没到山穷水尽的地步。一个善于谄媚的员工——我们姑且称之为萨姆

图6 左边为一枚正版25比塞塔币,右边为一枚较小的伪造硬币。

(这样可以押韵点)、一心想得到这位虐待狂上司的青睐——建议:加热硬币,令它们膨胀,那么大小就合适了。等硬币回缩时,交易已经完成了。

乍一听,这个办法还真不错,直到一个无名小喽啰无意间听到了他们的谈话后指出:如果硬币受热膨胀,中间的孔不会随之变大,反而会缩小。他进一步解释说,硬币膨胀的时候,外缘会向外扩张使硬币变得更大,同理,内缘会向内扩张,使孔变得更小。

汉斯博士被折磨得摸不着头脑,于是把任务交给你,由你负责把这个问题搞明白。谁是对的,是谄媚的萨姆还是无名小喽啰呢?计划中再过几个小时西班牙人就该到了,但他们十有八九会拖到明天。所以你还有一点时间。

关键事实

- 七百万伪造的面值为25比塞塔的硬币,硬币中间有孔。
- 假硬币比例完美,但尺寸略小,难以通过西班牙银行的审查。

挑战

判断:加热硬币使之膨胀,是否与真正的面值为25比塞塔的硬币的尺寸一样,比例相同;如果整个硬币受热膨胀的话,中间的孔是否会变得小些?

难度等级:★★

问题15：拯救“伊拉玛号”

汉斯博士待在格陵兰岛上时，主要心思都放在了监理新的办公大楼的施工状况。尽管如此，他也参与了另一桩勾当。实际上，索马里海盗越来越猖獗，这让埃里克有些胆战心惊。他派汉斯博士研制一艘巡洋舰，用于保护公司偷偷摸摸的走私船只“伊拉玛号”。

第二次世界大战期间，英国曾计划用冰和木浆建造一艘庞大的航空母舰*。受此启发，汉斯博士琢磨着用这种材料创建自己的战舰。实验颇有成效：他发现一种十分坚硬的物质，可以媲美混凝土。但是，根据1989年颁布的官方保密法案，具体细节不能透露。不过可以告诉你的是：这一物质非常坚实。话虽如此，但是实际意义并不大。

汉斯博士利用这种新型物质建造了一艘20米长的巡洋舰样舰。自然，他特别想看看它是否真的能在水面上浮动。但是这里有一个问题。北极的冬季降临了格陵兰岛，办公大楼周围几千米内的水域都冻得结结实实。汉斯博士的上司建议所有实验一律使用计算机模拟进行，但是初期资料少得可怜，根本行不通。此外，燃料价格持续上升，预算很紧张，不能拨款购买燃料用于融化整个湖泊(或是大小相当的水域)。全球变暖的步伐也太慢，无法解决燃眉之急。因此汉斯博士想到动用办公大楼冬季必须的热水供应。可是工地上有许多员工，很多建筑项目还没完工，热水是有限的。埃里克命令，汉斯博士只能动用实验所需的必要的水，浪费一滴也不行。

---

* 这听起来可能有点荒谬，但实际上是完全真实的。第二次世界大战接近尾声的时候，英国曾策划了“哈巴谷计划”，打算用“派克瑞克”复合材料建造一座巨大的浮岛，其作用相当于航空母舰，能够弥补大西洋这一海洋军事缺口，摧毁德国U型潜艇。“派克瑞克”复合材料以他的研发者乔弗雷·派克瑞克命名，由冰和木浆(后者占比重的14%)制成，比混凝土还要坚硬，且有防弹功能。不幸的是，这个计划虽然相当有趣，但最终未能实施。——作者

谄媚的萨姆又出了一个主意。他建议把巡洋舰放回它的模具中,在战舰和模具的缝隙中倒入水,这样船周围就是一层薄薄的液体。他信心满满地说,这样只需要很少的水就可以测试巡洋舰是否能够浮起来(请参考下图)。

图 7 巡洋舰模型可以在模具中浮起吗?

博士因为最近的比塞塔币事故,仍然心有余悸,于是再次全权委托给你,由你来决定萨姆的解决方案是好是坏。

你是怎么认为的?甚至只用一桶水就能让巡洋舰浮起来吗?

关键事实

- 刚刚制作成的巡洋舰。
- 将舰只放回原来的模具中。
- 在船和模具之间的缝隙中倒入一桶水。

挑战

判断这一桶水是否足以检测巡洋舰的浮动性能。

难度等级:★★★

第三部分

难以置信的使命

39 难以置信的使命

首先,恭喜恭喜!凭借你的狡猾和机智,你在格陵兰岛上与汉斯博士周旋了几个星期,着实不易。“大地之友”的高层也对你印象颇深。

高层:奖励你一枚奖章。

你:非常感谢。

高层:不客气。

艰难生存下来之后,你发现了埃里克正在酝酿的一场无耻阴谋的关键。“大地之友”不断捣乱、破坏,让埃里克越来越沮丧。当埃里克获悉“大地之友”再一次派人渗透他的组织,他更加气急败坏。冷静下来之后,他回到了实验室,发誓进行报复。不幸的是,这一次他似乎胜券在握了。

埃里克确信,教训“大地之友”的最好方式不是袭击这个组织,而是向大自然发起猛攻。他决心利用强大的病毒将一种动物物种连根铲除。一开始,根据猪流感的变异经验,他研究灭绝猪。然而几个月下来,实验宣告失败,令他非常失望。埃里克得出结论:猪的基因令其蠢笨,加上生性懒惰,不适合作为他选择的物种,在全球范围内传播它的病毒。最终他将注意力转向移动范围大的物种:鸟类。

自此,埃里克突击学习转基因技术,结果创造出了一种新型鸟类,完全适合传播致命病毒。这种鸟类拥有适应长途飞行的信天翁的翅膀,具有诱惑性的猎鹰的面部特征,外加鹦鹉的语言和社交能力。总而言之,这是一个真正可怕的敌人。

幸运的是,虽然埃里克创造出了变异鸟类,他还需要时间去合成一种威力超强、感染性极强的病毒。病毒还得特别温和,能给予宿主充足的时间去感染其他动物。“大地之友”一致认为,必须派人偷走并毁掉这只变异鸟。

40

你不仅需要找出埃里克阴谋的本质,还需要查出这只鸟在哪里。最后你发现它保存在范·巴斯滕有限公司研究中心最深最黑的保险库里,那里只存放范·巴斯滕有限公司最邪恶的恶魔之果。奇怪的是,那里的设计存在一个漏洞——一个通风井直通保险库,且无人把守。这倒像极了早期死星*上的排气孔的位置。

组织决定派伊桑潜入其中,偷走这只人类的大敌。德国顶级间谍、《生化危机》中特警队大胡子史密斯的原形——曼迪作为伊桑的助手。与此同时,你在格陵兰岛上小试牛刀,表现不俗,于是负责驻守在附近的监控车里,提供战术援助。

整装出发了……

---

* 死星为电影《星球大战》中的战斗空间站,是由银河帝国建造的卫星大小的“超级武器”。——译者

问题16：麻烦的追逐者

虽然这个通风井未加设防，但对伊桑和曼迪来说，到此却属不易——何况伊桑的椎间盘旧伤还在恢复中，曼迪背着沉重的设备。不过，他们最后还是到达了底部。现在他们身处空调护栏后，不由自主地查看了下方的地窖，松了口气。他们也有些惊异，此地悄无人迹。看来埃里克偏爱全自动的安全设施及系统。他非常节省，毫不理会保安工会的加薪要求，这已人尽皆知。因而他选择技术装置系统，而不是雇用武装护卫队。

从目前所在的高处进行观察，这两位搭档清楚地看到，地窖里头为守卫变种鸟类而设计的系统相当庞大复杂。尽管第一眼看过去会误以为它很简单。

在我们英雄的眼前是一架巨大的天平。天平的左托盘上是一只大水箱，足足几米高，那只鸟呆在水箱的底部（显然，基因干预的结果之一就是鸟具有了潜水能力）。天平的右托盘上是一辆巨型吊车。从空调护栏的后面看，想要拿到那只鸟，路径清楚明了：一个人控制住吊车，另一个人下到水箱中抓住那只鸟。

事不宜迟，他们决定让伊桑操作吊车，曼迪则换上潜水服。接触天平后他们发现天平难以平衡，水箱要比吊车重一些。不过一旦伊桑坐在吊车上，曼迪吊在吊臂上，就能达到平衡。他们的质量加起来似乎正好弥补了先前的不足！

伊桑以专业的手法操纵吊车，很快就把曼迪送到了水箱上方。然而正当曼迪要进入水箱时，她看到箱壁上写着这样的警示：

“接触该鸟时若天平失衡，死！埃里克·范·巴斯滕”

死亡警示让她不安，她还看到水箱周边凸出的各式钉子。于是她让伊

图 8　曼迪被吊在变种潜水鸟的上方。

桑暂停,他们要先和你取得联系,细细思量一番。

曼迪进入水中会影响天平的平衡吗?如果影响,影响会是多大呢?幸运的是,周边有一些砝码可供使用。但是,需要多少砝码呢?

注意:曼迪进入水箱时不会有水溢出。

关键事实

- 巨大的天平。
- 天平一侧是一大水箱。
- 另一侧是一架巨型吊车,伊桑坐在里面,曼迪吊在吊臂上。
- 目前天平是平衡的。

挑战

曼迪进入水箱会对天平的平衡产生影响吗?如有影响,则需要在两边增加多重的砝码,才能保证即使她吊入水中两边仍能保持平衡?

难度等级:★★

问题17：末日之灾

羽翼恶魔因为潜水过程被打断而十分气恼，这也证明它是易怒的囚徒。它不停地发出激烈抗议，让曼迪这位环保主义人士也敏感起来。它还触发了警报系统，警报系统捕捉到了水面上发生的细微变化，发出呱呱的警报声。

按原定的计划这时应该原路返回，可是他俩向通风井上方一看，发现一群守兵正从那里下来。这些士兵似乎谁也没有负重，更没有腰间盘损伤。毫无疑问，他们很快会抵达天井底部，然后迅速到达地窖，用机枪扫射他俩。在这关键时刻，前“大地之友”肯定不知所措，不过现在的“大地之友”成员则胸有成竹，简单明了地准备后备计划。地窖的外面是一座大的金矿场，无疑是资助埃里克卑鄙计划的金钱源，在更远处的尽头有一个紧急出口，直接通向你驾驶的等待他们遥控兼逃逸的小货车。

后备计划是借用地窖里随处可见的采矿车穿过矿场，抵达出口。不幸的是，现在守卫已经得知有两位不速之客闯入，切断了电源。这些平时灵活的采矿车失去了动力。因此，曼迪和伊桑必须利用他们自己的力量驱动采矿车。此外，轨道本身带有极强的磁力，因而摩擦力的影响已最小化。所以，我们的英雄只要在开始时推动一下，就足以抵达另一边。

他们跳到一辆采矿车上，向出口移动。与此同时，一群守卫追逐过来，并向他们开火。子弹从头上飞过，伊桑和曼迪十分紧张，急于尽快地逃离。

采矿车目前正按照设想的计划在轨道上行驶。正在这时，你注意到战友前方的轨道分为两条，两条新轨道都通向出口，长度也相同，唯一的区别是一条轨道中间凸起，而另一条轨道中间凹陷，两者曲率相同，如下图所示。

图 9 轨道分为两条，我们的英雄应该选哪条呢？

你急于把他们救出此地，那么应该指挥他们选用哪条轨道呢？两者有什么差别吗？如果那个恶魔呱呱地叫得震天响，会产生什么不利的影响吗？

关键事实

- 两条长度相同的轨道。
- 没有摩擦力。
- 一条轨道中间有个凹陷段，而另一条中间有同一形状的凸起段。

挑战

经过哪一条轨道我们的队员会更快地抵达出口？

难度等级：★★★

问题18:使劲扔

现在,出口已非常接近了,只剩下大约500米的直轨道了!然而,范·巴斯滕的守兵们不会认输。几个人气急败坏地跳到一辆采矿车上,其余的守兵使劲一推。这一推力量强大,采矿车以惊人的速度快速地向大地之友追来。曼迪和伊桑担心在抵达出口前被追上,他们必须采取行动。

最好的策略就是毁掉他们身后的一部分轨道,这样一来,追赶的采矿车就会掉进下面漆黑的深渊中。说时迟那时快,伊桑和曼迪两人抓起炸药,准备投掷出去。炸药很不稳定,极易爆炸,而且他们不必担心没有导火线,因为火药与铁轨一碰撞就会爆炸。但他们必须保证爆炸的地方离他们足够远,这样他们才不会因爆炸而受伤。这就带来两个问题。首先,因轨道相当窄,这就需要有高超的抛投技艺,既保证能将炸药抛得足够远,又保证抛出的炸药能击中轨道。第二,他们不能把炸药直接从采矿车尾推下去,这样虽然可以直接击中轨道,因为爆炸太近,无疑会炸到我们的英雄。

这时伊桑想到了一个办法:他们可以把炸药笔直地向上抛出,这样它落下时就会落在他们扔出时的那处轨道上,不仅解决了精确性问题,而且等炸药落下爆炸时,他们的采矿车已经行驶得足够远了,两人不会被炸到。

这个想法初听起来不错,但曼迪稍稍有些担心,要是炸药的运动不如伊桑所设想,怎么办?他们不能做出决定,于是联系了你,请你帮忙作出决策。

关键事实

- 采矿车沿笔直的轨道匀速行驶。
- 把极具爆炸力的炸药直接从车里竖直向上抛出。

46

挑战

判断炸药将会落在什么地方并随之爆炸。

难度等级：★

问题19：脑袋落地

我们的英雄还在轨道上，他们越来越接近出口，范·巴斯滕的守兵们有些狗急跳墙了。埃里克从来不接受失败，这一巨大的安全漏洞一定会让他暴跳如雷。当下的局面也怪了，大概只有无名小卒才这样，射出的数不胜数的子弹没有一颗击中两人，他们转而瞄准更大的目标：屋顶。

埃里克对员工的健康与安全漫不经心，矿顶没有加固过，有些部位相当松垮，些许的扰动都会导致塌落。守兵们算计着，一阵扫射必定能够使部分矿顶掉落，然后坍塌下来埋葬闯入者，把他们困在轨道上。但他们只想对了一半。射击确实导致几块岩石落下，但幸运的是，对于曼迪和伊桑来说，虽然有几块真的掉进了采矿车中，但是都没有击中他俩和那只鸟。

不过，也并不都是好消息。他们所处的位置似乎在最后一段轨道上，亦是我们的英雄行进到出口唯一的轨道，目前正在维护中。也就是说，磁悬浮系统没有运行！这就意味着，两人所乘的采矿车会因为摩擦而减速。更糟糕的是，像这样携带着额外的落下的岩石，伊桑和曼迪都担心，他们的采矿车可能没有足够的动力把他们带到出口。

突然，灵光一闪，伊桑搬起石头，打算把它们从采矿车中扔出。要想安全抛出岩石，唯一可行的办法是通过采矿车底部的小洞口，只有这样他们才不会成为后面追兵射击的靶子。然而，正当伊桑动手时，曼迪阻止了他，并说这可能不是最好的策略。

谁对谁错？他们应该扔掉岩石，还是把岩石留在采矿车里？哪一种有更大的概率抵达出口？他们应该怎么办？伊桑坚信他是正确的，而且为了表明他的坚定立场，他唱起了 E 调舞曲。

又一次，该你做决定了。

48

关键事实

- 在轨道上行驶的采矿车,轨道现在有一定的摩擦力了。
- 岩石落在采矿车里。
- 采矿车是否拥有足够的速度让他们抵达出口。
- 岩石可以从采矿车的底部扔掉,也就是说,与采矿车的运动垂直。
- 载重与未载重采矿车的摩擦力区别可以忽略不计。

挑战

你会建议扔掉那些岩石吗?

难度等级:★★

问题20：果冻的拯救

我们的环保卫士成功逃离了范·巴斯滕研究大楼，安全地上了你等待他们的小货车。他们把鸟放在车后面，自己跳进车里，马上加速驶离。

你们驱车顺利逃离，可是问题又来了，前面峡谷上架的是一座晃悠悠的老桥，旁边的标识写着桥的载重量低于3000千克。不幸的是，小货车加上曼迪、伊桑还有你的质量，正好是3000千克。可悲的是，你那变异的货物——变异鸟可不是最轻的生物，我们的英雄确信，如果加上那只变异鸟的质量，他们必定会坠入峡谷中。

曼迪对任何不测都早已做好充分准备——她带了一些果冻。根据他们搜集到的情报，果冻是这只变异鸟最爱的食物。而且，曼迪在位于伯利兹的“大地之友”总部工作期间，对该国的一种运动——训鸟产生了极大兴趣，后来她成为了家禽所有速度训练级别的专家。

曼迪明白，那些愤怒的范·巴斯滕的守兵们一定会紧追不舍，她一刻也不敢耽搁，马上开始训练这只鸟。她的计划是：当货车驶上老桥，司机重重地敲击一下车身，鸟就会飞起来。它将在车厢内飞翔一段时间，让我们的英雄有足够的时间驶过那座摇摇晃晃的旧桥。

这样做会让你们安全驶过那座桥吗？或者让你们坠入下面满是鲨鱼的水中吗？如果是后者，曼迪是不是还有另外的计划可执行，以便你们能够安全驶过峡谷？然而请记住，即便这只鸟极想吃果冻，但是如果它能从车中放出来，毫无疑问，它一定会选择自由，而不会贪图口福。

关键事实

- 试图驶过一座有危险性的老桥。

50

•桥身的载重极限等于车身、曼迪、伊桑和你的质量之和，因此，鸟的质量会让其塌陷。

•不能让这只鸟离开小货车，不过可以训练它，让它做些简单的常规动作。

挑战

曼迪的计划，让鸟在小货车内部飞，而你们坐车驶过桥梁，这样行得通吗？如果行不通，该怎么办？

难度等级：★★★

问题21:问题由你来解决

成功过桥,逃离埃里克守兵们的魔爪,完成了目标,“大地之友”的英雄们兴高采烈。这是可以理解的。大家最后在当地快餐店饱餐汉堡和圣代犒劳自己。

他们吃得心满意足,最后回到车上。伊桑喜欢热闹,还从店里买了几个氦气球。不幸的是,他狼吞虎咽吞下的大量饱和脂肪酸令他迷迷糊糊,不一会儿就在车厢尾部昏睡了过去,气球飞得到处都是。曼迪酩酊大醉,没法处理它们。你是司机,无暇摆弄这些不听使唤的气球,于是决定把它们拴在手刹柄上。

当你开车返回前集团公司总部秘密地时,向左转了个大弯。

转弯时,氦气球会怎样?它们会动吗?如果会动,向哪个方向动?为什么?

关键事实

- 氦气球拴在车子的手刹柄上。
- 你向左拐了个大弯,速度没变。

挑战

氦气球会怎样?

难度等级:★★

问题22：暖风习习

汽车驶出了几千米，你觉得有点冷，所以决定打开暖风。你调整空调的风扇控制钮，一股暖风径直吹到脸上，吹得你心里暖洋洋的。车子打弯的时候，暖风没了，你心里很不爽。车子一上直路，暖风又立马吹了回来，你也没当回事，还以为机器在闹什么幺蛾子。你又转了个弯，暖风又没了！真是奇了怪了，你决心探个究竟。

你查遍所有设备，没问题呀？可是每一次转弯，都会发生同样的怪事。经过仔细查看，你意识到暖风并没有停下来，只是没有直接对着你吹而已。车子打弯的时候，暖风偏向了一边，偏离的方向似乎与转弯的方向有关系。

这股暖风朝哪个方向偏离呢？譬如说，你的车子向右转，风将吹向你的哪一边？左边还是右边？为什么？

关键事实

- 你沿着道路驾驶。
- 前面仪表盘上的热风对着你的脸吹。
- 你向右打弯的时候，这股暖风的方向偏离了你的脸；你进入直道，暖风又回来了。

挑战

确定你向右打弯时，暖风将朝着哪个方向吹。

难度等级：★★

第四部分

行动在继续

55 行动在继续

任务完成得很漂亮,在“大地之友”的内部通讯中被冠以“2011 之劫鸟篇”大加报道。由于你的突出贡献,你被提升为高级环保斗士,监管战略发展部,鸟类保护部和意大利香肠诱饵部。再一次恭喜你。此外,你营救的那只可怜的变异鸟已经弃恶从善,开始和曼迪以及其他大鸟们一起表演卡巴莱歌舞,前途不可限量。

然而,还不是庆祝的时候。埃里克的阴谋虽然遭到挫败,但却再次证明他仍然在不受约束地肆意破坏环境。因此,“大地之友”决定一举打垮他。领导们决定创建新的任务小组,定制新的制服,官网上还添加了新的“行动在继续”版块,“继续”两个字大写并加黑,特别强调一种威慑感。

漏洞侦察小队报告,埃里克目前正在瑞士阿尔卑斯山的山中要塞——巴斯滕城堡度假。尽管购置的制服(皮革短裤和网式罩衫)在那个地方显得有些单薄,高层依然决定,一刻也不能耽搁,务必趁埃里克在瑞士逗留期间,将其抓获。

你足智多谋,又是新官上任,理所当然成了这项任务的负责人。随之而来的是丰厚的薪酬福利外加位于伯利兹的一间更大的办公室,当然也伴随着牺牲及患上股间带状疱疹的危险(埃里克有个癖好:先让入侵者安定下来再让他们感染上某种当地的病毒)。尽管如此,你已经认定这是一场意义重大的博弈,于是和任务小组的成员们一起整装待发。

计划其实相当简单:渗透、抓捕和逃脱。然而,在“大地之友”这里,即使是最简单的计划也常常会出岔子……

问题23:急速下山

爬到巴斯滕城堡所在的山顶,大家已经精疲力竭,需要稍作休整才能继续行动。然而他们并不知道,他们在攀爬过程中触碰了传感装置,埃里克这个喜欢无拘无束的家伙,已经乘着他的机动滑雪车下山了。“大地之友”发现有一条小路蜿蜒下山,正确推断出了状况。他们不想让埃里克逃脱,全然顾不上休息的念头,奔下山坡追捕他。

尽管“大地之友”决心已定,无奈上山行动已令他们疲惫不堪,结果追捕速度很慢,离他们的宿敌越来越远。大家又冷又累,后悔当初要求太低,否则,没准儿能讨到厚实一点的制服。他们决定歇一歇,考虑B计划。

“大地之友”的装备中有一个巨型充气圆柱容器(关于装备,我们下文还会再讲)。该设备的设计和制作倾注了大量的奇思妙想,堪称绝妙。它的材料是添加了石墨的高分子聚合物,一旦充气膨胀,就会成为一个结实的圆柱体,相当牢固。B计划就是让大家坐着充气圆柱体下山。山坡陡峭,也没有植物生长,光秃秃的一片(他们在林线之上),速度会很快。大家肯定,这样一会儿就能追上埃里克。而且,雪地上覆盖着冰,所以不用担心讨厌的摩擦力。

问题是:滚动下山还是滑动下山?哪个更快一些?假如滚动下山,他们就得在圆柱体顶上蹦来跳去才不至于掉下来,这样也能暖和一些。另外,他们的活动对圆柱体的影响微乎其微,可以忽略不计。

埃里克跑得越来越远,所以你最好马上决定。

关键的事实

- 一座冰冻的山。
- 需要尽快下山。

• 有一个结实的圆柱体可用。

挑战

判断怎样下山更快一些:咕噜咕噜滚下山还是滑下山?

难度等级:★★

问题24：冰还是雪

“大地之友”们的速度堪比超级滑雪专家，他们很快就抵达山脚，大大缩短了与埃里克的距离，近在咫尺了！与此同时，埃里克意识到追兵紧随其后，就向一位密友求救。随即，为了帮助埃里克，已经退休的邪恶同事罗伯特尼克博士乘坐时光机从20世纪90年代赶来。

此时，“大地之友”们正试图穿越横贯在山脚下的峡谷，罗伯特尼克博士的计划是融化一座冰山，来淹死我们这些意气风发的环保战士。

冰山漂浮在峡谷尽头的一个筑有堤坝的水库里。水库的水满满的，与堤坝上沿齐平，巨大的冰山顶部则高出水平面很多。下面的比例图把这一切准确地描绘了出来。

图10　冰山融化后，水会溢出吗？

“大地之友”们赶到峡谷后，发现罗伯特尼克博士正在冰川周围飞来飞去。他们准确无误地推断出了他的意图。此时，“大地之友”之间爆发出异乎寻常的激烈争论。一些成员坚信这个局面非常安全,他们兴高采烈;而另一些成员则激烈地呼吁撤退,远离融冰。他们认为,冰融成水后一定会即刻冲破堤坝,涌向他们。

谁对谁错?你会继续沿峡谷前进,还是会撤离,离开那个上个时代的敌人设计的诡计?

你是怎么想的?

关键事实

- 峡谷中有一个筑坝的水库,水满至边沿。
- 水库中有巨大的冰山。
- 罗伯特尼克博士正在融化所有的冰山。

挑战

判断罗伯特尼克博士融化冰山后会发生什么，据此决定是继续前进，还是撤退返回。

难度等级:★★

问题25：（不太）利落的逃离

自从埃里克在1998年威胁要铲平阿尔卑斯山后，瑞士人靠仅有的小军刀自卫，因为担心他图谋不轨，瑞士国家对进口岸线严加防范。让埃里克沮丧的是，这些严控给他造成了一系列不便，最让他头疼的是，他最喜欢又最可靠的逃逸舱——品卜飞船（范·巴斯滕热气球）——不能进入该国。这可是个大问题。毕竟，一个邪恶的天才行动后却没有逃逸工具，那就像一只折断了翅膀的老鹰，面临被捕的威胁。

埃里克虽然沮丧，但没有泄气，他开始建造一个合适的逃逸工具替代品。借助伪造的维珍航空会员卡的掩护，他运用了很多伪装和藏匿手段，设法进口了两只柳条篮子。为什么是两只呢？因为正如埃里克所讲："两只气球要比一只气球好。"

埃里克深信，用正常方式进口燃料会引起官方怀疑，可能最终导致维珍航空会员卡作废，因而转而选用氦气作为气球升空的动力源。这个决定不错，因为正巧地窖里有两只巨型充气球。

他把两只柳条篮子连在一起，说它"有点像天空中的双体船"，随后他在两只篮子上绑上了气球。然而，氦气不是太够，他没能将两只气球充得一样鼓：一只基本上鼓起来了，另一只却松弛无力，似乎缺乏生机。为了在紧急状态下气体能在两个气球间自由流动，他用一支密封管连接这两只气球，但同时安装了一个气阀，以阻止氦气的自由流动。

下面回到追捕埃里克这件事上来。埃里克恰巧来到了他停靠那巨型飞行器的地方，跳进第一只篮子。而这一只碰巧是所绑气球松弛无力的那只篮子，他即刻准备起飞。正当他准备就绪，开始升空时，"大地之友"的人马赶到了，在篮子离地瞬间，他们一跃而上，跳进了那只绑着充满氦气的气球下的篮子。多么戏剧化!

所有人都高高地升到了天空中。“大地之友”的人马简直不敢相信,距离捕获对手居然只有一步之遥了。然而尽管近在咫尺,他们没法跨越过去进入到埃里克的篮子里(连接两个篮子的管子虽然很结实,但他在上面相当危险,而跳过去又太远)。因此,大家都很懊恼。伊桑失去了耐性,也厌倦了这种单调乏味的等待,他建议把管子上的气阀开启,这样就可以“浑水摸鱼”。

图 11　开启气阀后,情况会怎么样?

其他人担心,如果两个氦气球达到平衡,可能会发生不测。他们反对这样做。作为英明的领导,决策权再一次落到你的头上。如果气阀开启,会发生什么情况?这个主意好吗?

关键事实

- 两只氦气球分别系在两只柳条篮子上。
- 一只氦气球没有完全充满。
- 另一只氦气球几乎充满了氦气。
- 有一根管子连接这两只气球,中部有一个气阀,可以阻止氦气的自由流动。

● 开启气阀。

挑战

判断:一旦密封连接管的气阀开启,这两只气球会怎么样?

难度等级:★★★

问题26：如何用沙拉酱拯救世界

埃里克被逮捕了，他被戴上了手铐。“大地之友”团队计划带着抓捕的这位邪恶天才凯旋了。然而，尽管囚徒已经愁眉苦脸、灰心丧气，他们却丝毫不敢懈怠。毕竟，这位就是传说中窃取了威尔士半年之久的人，而且也是把当时的国际刑警磨练得技艺精湛的人。现在该回到前面提到过的那个圆柱体容器上了。除了可作为高山地带灵巧的运输工具外，它也绝对是一个绝妙的沙拉酱容器。这是汉斯博士在20世纪80年代发明的，后来被盗走，此后加进了很多科学元素。这个装置可以把一个人密封在两种黏糊糊的混合液体中，让俘虏彻底不能动弹。这个设计真正的天才之处在于：这两种液体一方面使得俘虏动弹不得，另一方面却能让空气保持流通，因此俘虏不会被淹死。

找到了早先已经充气的圆柱体之后，“大地之友”们准备把埃里克囚禁起来。首先，圆柱体被注入一半密度较大的称为“醋”的液体。为了防止逃脱而捆绑起来的埃里克被放入其中。由于“醋”的密度大，埃里克相当高兴地发现自己浮在液体上面，只有腿部淹没其中。然后第二种液体“油”倒入其中。这种液体比“醋”和埃里克的密度都轻，因而就像未经搅拌的沙拉酱，油浮在这两者的上方。

这一装置充分利用气体的神奇冲力，外加小精灵魔法，使得两种液体充分混合，而且囚徒可以呼吸。

但是，这个天才设计也不是没有缺陷，容器只有一个特定的部位满足了这样的条件，因此，如果埃里克不想死的话，他的头部必须位于这个位置。

一般来说这不是个问题，可是伊桑忘记带操作手册了，所有人都有点失落。目标区域不是太小，因此他们也不必很精确地找到某个点，但是，基于这一装置和混合液的复杂特性,他们必须一次性成功。

因此必须确定:往装置中加入油,对埃里克在容器中所处的位置会产生什么影响?有人认为不会有什么影响,有人认为会把他推进“醋”里——即下沉;还有一些人拿他们坟墓中的祖先打赌,说这会让埃里克向上浮起。

你怎么想?

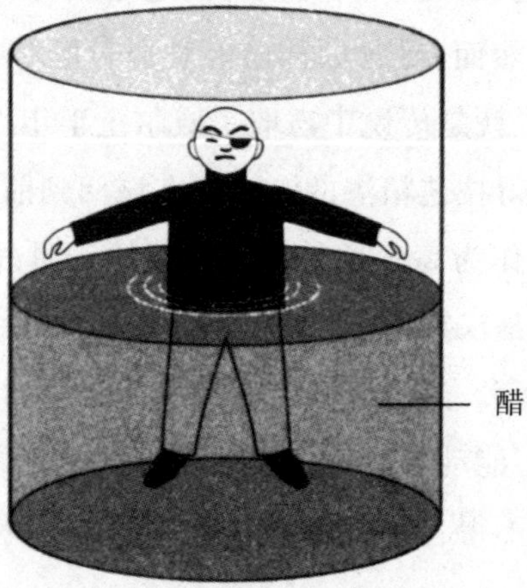

图 12　当空气被“油”取代时,埃里克在圆柱体中的位置会发生什么变化?

关键事实

● 一只容器,装有一半成分为“醋”的高密度液体。

● 密度比这个液体小的埃里克被放入圆柱体内, 因为他的密度小,他一半浸在液体中,一半浮在液体上。

● 倒入另一种液体,比埃里克密度更轻的液体“油”,漫过埃里克的头部并充满了容器。

挑战

第二种液体加入后,对埃里克在圆柱容器中的位置会有什么影响?他会向下沉一点,或向上浮一点,还是不会有任何变化呢?

难度等级:★★★

完事大吉

这是一段怎样的历程啊！我们不能替你们断言，但肯定你们收获良多。我们没有完全征服浮力学和热力学，但至少征服了一部分。你们还抓住了一个妄图偷天换日的邪恶分子，令他动弹不得。此外，我们笑过，哭过，令"荒诞"上了一个新台阶。

当然，对于埃里克而言，没有什么监禁手段可以永远剥夺他的自由，不知道哪一天他就会逃走。一旦逃出，他就会大口咀嚼中华白鳍豚鱼排，或几分钟内开凿亚马逊河。

"大地之友"的高层在庆功会上表彰了大家取得的成就，一片欢欣鼓舞。这里再提埃里克可能逃脱有点横生枝节，仿佛大家白忙了一场。但大家千万别灰心，套用了不起的物理学家费曼的一句话："科学就像性，有时候会诞生某些成果，但是那不是我们努力的原因。"所以，努力吧！

说了这么多，也做了这么多，下面该和大家道别了，希望你们能再来阅读范·巴斯滕三部曲的第三部《巴斯滕反击方舟劫持者》。

卡牌细节

伊桑

年龄:27

性别:男

身高(米):1.8

体重(千克):80

体积(升):78

特殊能力:完美的高音和其他音乐天赋

最大的弱点:任性的孩子气

曼迪

年龄:24

性别:女

身高(米):1.7

体重(千克):62

体积(升):60

特殊能力:家禽角斗力

最大弱点:深海恐惧

埃里克·范·巴斯滕

年龄:54

性别:男

身高(米):1.9

体重(千克):90

体积(升):90

特殊能力:独步天下的欺诈才能

最大的弱点:嗜好意大利香肠

汉斯

年龄:57

性别:男

身高(米):1.74

体重(千克):70

体积(升):68

特殊能力:洞察力

最大的弱点:施虐和嗜好简短的科普作品

提示1

问题 1

首先，确保你读过本书开头的《科学指南》，其中包含的一些知识是本题的解题关键。

问题 2

首先，你可以忽略那只半死不活的猫（“薛定谔的猫”）。

问题 3

作用于两颗子弹上的力是什么？画一幅示意图可能对你有所帮助。

问题 4

《科学指南》包含了解答这道题的所有知识。

问题 5

当企牛快活地浮在水面上时，有多少水被排出？

问题 6

首先，甲烷比空气轻；其次，确定你已经弄清楚重力与质量之间的区别。

问题 7

请你暂时忽略一下“科学”，想一想实际操作。它要是可行，那意味着什么？

问题 8

作用于炮弹的力是什么？

问题 9

为避免你陷入问题本身无法推断，该解决方案仅涉及企牛拖动集装箱。

问题 10

当加热牛奶或任何其他东西时，能量转移做两件事。第一件事是显而易见的，你在提高液体的温度。第二件事则很微妙，也是解决问题的核心。它是什么？

问题 11

考虑一下浮力。

问题 12

首先记住，空气阻力忽略不计。这意味着物体的形状无关紧要，在这里只考虑它的质量。

问题 13

水向下流动时会发生什么？事实上，任何物体下落时都会发生点什么。

问题 14

实验比理论纷争更适合解答这道题，因此，不要过分纠结于热膨胀本身，设计几个实验试试。

问题 15

当物体排开的水量等于它的质量时，物体就处于漂浮状态。

问题 16

为了更加明白易懂,我们要分开考虑天平两侧的质量变化。

问题 17

想想能量守恒,在小车通过凸起或凹陷之处后,速度会怎样变化?

问题 18

这个问题与前述的子弹问题类似。

问题 19

这是一个涉及速度及动量的问题,即使施加的力取消,运动中的物体仍然继续保持运动。比如,开车时你把脚从油门移开,车还会继续前行。

问题 20

鸟是怎么飞翔的?

问题 21

氦气球和普通的充气气球之间有什么区别?别指望它能让你发出 5 岁孩童的声音。*

问题 22

解这道题的方法和前一道题类似。解好前一道题,再来做这道题。

问题 23

圆柱体移动下山,是将势能转化成动能,与它的运动方式无关。首先考

* 人说话时,声带振动发出的声音本身并不大,声音是靠口腔的共鸣作用才放大的。声音在氦气中传播的速度比在空气中快,共鸣频率比空气高。因此吸入氦气会让人变声。——译者

虑，圆柱体滑动与滚动的势能比是多少？

问题 24

我们又回到了浮力问题上来。

问题 25

气体与水的特性完全一样，也就是说，它们都极具惰性，总是采取最方便的路径或选择最容易的方式发生变化。对氦气来说，哪种变化最容易？

问题 26

在加“油”前，作用于埃里克的力有哪些？考虑一下浮力。

提示2

问题 1

由于伊卡娜一半身体浸在水中,将受到向上的浮力。

问题 2

记住,这是一个封闭的系统。也就是说,系统总体没有发生增减。开始和结束时的液体是一样多的。

问题 3

两颗子弹之间唯一的区别是其中一颗以极快的速度向前移动。这是否会影响作用于它的向下的力呢?

问题 4

动物在船上的时候,会排出多少水?将此大致量化一下,可能会对你有所帮助。

问题 5

企牛浮在水面上的时候,它的密度与水有什么必然联系吗(见前一道题)?

问题 6

想像一下:它不是屁,而是一只充满甲烷的气球,然后放飞气球。这时秤上的读数会怎样变化?

问题 7

记住,能量既不会凭空创生,也不会凭空消失。

问题 8

导致炮弹在炮口旋转的力,是来自于炮弹及其驱动力,还是炮口?

问题 9

由于湖面没有摩擦力(是一层超光滑的冰),因此在湖面上移动不会耗费任何能量。

问题 10

有一点很微妙:在加热过程中,能量转换成了散发到环境中的热量。什么时候能量损耗更多?在撒哈拉沙漠和在北极烧开一锅牛奶(牛奶的初始温度一样),哪一个耗时更长?为什么?

问题 11

什么是浮力?我不是问计算浮力的公式,我的问题是:浮力是什么?它代替的是什么?考虑一下牛顿第三定律。

问题 12

整个场景尽可能抽象为一个最简单的情形,即:把 3 个除质量不同其他完全一样的物体,比如说质量分别为 1 千克、5 千克和 10 千克的物体扔出直升飞机,你认为哪一个会先着陆?

问题 13

想一想水向下流动的速度。它有变化吗?这意味着什么?

问题 14

从生活经验出发，你有没有加热过形状类似比塞塔硬币的物体，它们是什么？

问题 15

“排水量”是什么意思？

问题 16

重要的是曼迪的体积，而不是她的质量。

问题 17

因为能量守恒，那么初始速度一样，不论采矿车选择凹陷还是凸起的轨道，它最终的速度是一样的。因此，答案必须考虑它沿着凹陷的下/上和沿着凸起的上/下过程中发生的速度变化。

问题 18

应考虑炸药和采矿车在竖直方向和水平方向上的运动。

问题 19

应用动能说明当岩石落进小车时会发生什么情况？这个问题更加具体的解释是，除了势能，还有动能一起克服了摩擦力。

问题 20

鸟为了向上飞，它必须向下推动点什么——空气。

问题 21

如果这是一个普通的气球挂在车顶，那会怎样呢？它会向哪个方向移动？

问题 22

想象一下，不是一股气流吹向你，而是一只网球在车厢内的地板上滚动。此外，再想象一下，顺着车辆行进方向滚动着的一只网球，当车子转弯时它会怎样运动？

问题 23

不论是滑动还是滚动，圆柱体的起点在山坡的同一高度上，因此势能是相同的。

问题 24

未融化的冰等量于多少水？

问题 25

在气阀打开前，作用于氦气的是什么力？两个气球施加的力相同吗？

问题 26

显然，“醋”提供了向上推动的力，但还有另外一种力也在把埃里克向上推。是什么呢？

提示3

问题 1

对于这个力,牛顿会怎么解释?利用他的第三运动定律,会有怎样的结果?

问题 2

两个容器中所盛流体的容积在开始和终了时完全一样。这是最重要的事实。

问题 3

两颗子弹都受到向下的力,即重力的作用。哪一个会先落地?

问题 4

动物的密度和水的密度有怎样的关系?水的密度是 1 千克/升。记住这一点,你可以估算出动物的体积。

问题 5

企牛浮在水面上,所以它的密度小于水。因此它的体积一定比它排开的水的体积大。

问题 6

因为甲烷比空气轻,它会像氦气球一样,把你向上拉。

问题 7

如果你拿一块磁铁接近回形针,回形针会被吸向磁铁。同样,如果你拿回形针接近一块很小的磁铁,磁铁也会被吸向回形针。这意味着什么——谁在吸引谁,或者是,它们在相互吸引?

问题 8

考虑奥运会上的掷铁饼项目。

问题 9

企牛拉集装箱,从完全静止到它张开耳朵,需要多长时间?由此可以算出加速度。

问题 10

加热物体时,物体与周围环境的温差越大,能量散失到环境中的速度越快。

问题 11

浮力是水的反作用力,其大小与使船下沉的重力相等。

问题 12

如果你有两个 5 千克的物体,用一根质量忽略不计的绳子把它们绑在一起,然后将它们和一个 10 千克的物体同时丢下,哪个物体先落地?

问题 13

由于水龙头的出水量是恒定的,所以在给定时间内(比如说一秒钟)流过任一点的水量必然相同。

问题 14

本质上,瓶盖和硬币是一回事,至少它们的边缘相同——把硬币中间的孔想象得大一些,再大一些,它们就是一样的。你加热过瓶盖吗?发生了什么情况?

问题 15

想象一下,把样舰放在一个装满水的澡盆中。大量水溢出后,澡盆里剩下的水不多了,因为大量的水已经被样舰排出去了。

问题 16

请你回头看看开始时的提示,特别是物体浸没在水中这一提示,就能够计算出水对曼迪产生的向上的力(浮力)。

问题 17

当小车经过凸起处时,它的速度会发生什么变化?它经过凹陷处时,速度又有什么变化?

问题 18

小车以恒定的速度向前运动,没有加速度。炸药也是以同样的速度向前运动。因此,一旦炸药向上抛出,它向前的速度会不会受到影响?

问题 19

岩石和小车以同样的速度前行,它们也具有动量。

问题 20

如果空气被向下推,它会被推向哪里?此时空气对车厢施加力了吗?

问题 21

当你放飞一只氦气球,它将向上浮动。它为什么会这样?它是被什么东西向上拉着,或是向上推着?

问题 22

想象一下,还是那只网球,将它沿着与气流相同的方向滚动。

问题 23

这两种选择开始时的势能相同,那么,哪一种选择能更为有效地使用动能,以便先到达山下?

问题 24

当冰融化时,它的质量会变化吗?

问题 25

由于两个气球的张力不同,它们会使氦气承受不同的力。哪个气球会使氦气承受更大的力?

问题 26

假设圆柱体内上半部分的空气是一种非常非常轻的液体。由于埃里克的上半身淹没其中,他的上半身就占据了原来空气的位置,而那些空气又要试图回到原来的地方,结果那些空气就会把他轻轻地向上推。

提示4

问题 1

根据牛顿定律,如果水将伊卡娜向上推,那么伊卡娜也必定将水向下压。水向下压的结果是什么?

问题 2

从汽水容器中失去的汽水必定被汽油取代,因为总体积没有变化。反之亦然。这意味着什么呢?

问题 3

再给提示,答案就露馅了,或许用一个一语双关的笑话就行了……

问:如果一个秃顶的男人收到梳子作为生日礼物,他会说什么呢?

回答:我无法(发)用。

问题 4

一旦入水,动物们将会排出多少水?比较一下,动物在船上和在水中时(也就是它们浑身是湿的),它们的排水量有何不同。

问题 5

如果牛的体积大于浮在水中时的排水量,那么一旦它被鲨鱼拖下水,水位会发生怎样的变化?

问题 6

质量是物体内包含物质多少的量度,一个物体无论多么轻,总包含有一定量的物质。

问题 7

如果车子把磁铁吸向它自己,而磁铁又把车子吸向它自己,那么车子会向什么方向移动?

问题 8

如果再给提示,那就透露答案了。所以,如果你还不明白,回头看看以前的提示,再想想。

问题 9

考虑牛顿定律 F=ma(力等于质量乘以加速度)。牛顿几乎总是对的(除了把生命花在炼金术的那些年以外)。

问题 10

在温差很大的情况下,你如何保证花费的时间尽量少些?

问题 11

如果浮力是重力的反作用力,那么重力在其中到底起什么作用?

问题 12

如果不是将两个 5 千克的物体捆在一起,而是粘在一起,会怎样呢?可将胶水视为很短的绳子,保证它们一起下落。由此推断物体下落的一般规律。

问题 13

如果水向下加速运动，且一定时间内通过水柱中任一点处的水量相同,那将会怎样呢?

问题 14

如果盖子卡在瓶口上,不管你怎么弄都打不开,有一种办法可能奏效:将瓶口浸在热水中,使瓶盖膨胀,盖子便很容易打开了。如果加热能使盖子容易取下,那么盖子上的“洞”怎样了？洞变大了还是变小了呢？

问题 15

想象船漂浮在湖中。湖面从船的两侧和底部逐渐开始冻结,最后只剩一圈水环绕着船。然后想象去除船周围的冰,并将船提起来。一圈冰、一圈水,最后是船。那一圈冰起到的作用和模具一样。在这种情况下船仍然漂浮着吗?

问题 16

对于作用于水箱的其他的力,牛顿定律怎么说？要想保持平衡,每一个作用力都必然有一个与之方向相反大小相同的力。

问题 17

当小车越过轨道的凸起处时,由于先是向上走,它会减速,随后当它从最高处向下时,便恢复到原先的速度。这意味着,在凸起处行驶的整个阶段,采矿车的速度要比原来的慢些。相反,当采矿车经过凹陷时,先是向下,所以它的速会增加,而后在向上时,速度减小,直到回到原先的速度。因此,经过哪条轨道会快一些,不是很清楚了吗？

问题 18

地球以大约 67000 千米/时的速度绕着太阳在轨道上运转。把地球想象成采矿车，再设想如果你在公园里把球向正上抛出，该球将怎样运动？

问题 19

岩石运动具有动量，可作用于小车克服轨道摩擦力，一旦岩石被扔掉，会怎么样？

问题 20

还有什么方法能让鸟飞在空中，但不向下推动空气，因此也就不会对车厢地面施加向下的力？

问题 21

氢气球在空气中的情况类似于空气球在水下的情况。因为空气的密度比水小，所以水中的空气球会向上“浮动”。实际情况是，水受到的向下的重力比气球大得多，结果气球被推向水面。如果车里装满了水，汽车打弯时，水向哪个方向移动呢？据此，水又会朝哪个方向推动气球呢？

问题 22

汽车转弯时，网球总是试图保持原来的运动方向。那么，汽车转弯时网球朝哪个方向运动呢？空调吹出的暖风和网球类似。

问题 23

在这两种选择中，哪一种方式会浪费一些本来可用于圆柱体直达山下的动能呢？

问题 24

冰融化前后的质量是相同的。冰排开水的质量等于冰的质量，而现在，冰融化成水后，原先被冰排开的地方被什么占用了？

问题 25

当吹起气球时，哪个过程难一些：开始气球完全是瘪的时候，还是接近最后，气球已经鼓起时？

问题 26

“油”尽管比埃里克和“醋”都要轻一些，却比它所取代的空气重多了。一个潜没的物体，受到向上的力等于它所排开的液体的重力。哪个重力大，是排开的“油”，还是之前被排开的空气？

答案

问题 1

事实上,秤的读数会增加,增加的读数等于伊卡娜排出的水量。下面听我们来解释。

我们在书的开篇《科学指南》中提到,物体浸入水中受到的向上的浮力等于它所排开的水的重力。伊卡娜的体积如果是 50 升,她一半浸在水里,排开了 25 升的水。25 升水的质量是 25 千克,相当于 250 N 的向上的浮力。*

在这一点上,人们往往会停止他们的思维进程,认为是水在向上推举着伊卡娜,对天平没有影响。不幸的是,这是错误的。

《科学指南》里提到了浸没和浮力,我们谈到了牛顿第三定律:每一个作用力都有一个与之大小相等且方向相反的反作用力。根据这一定律,尽管确实是水在推举着伊卡娜,但与这个 250N 的向上的作用力相伴,有一个与此大小相等、方向相反的反作用力,该反作用力作用于桶的底部,以及再下面的秤。

这个 250 N 的向下的力压低了秤盘, 它的读数将随即增加 25 千克。

* 人体与水的密度非常接近。肺中没有空气(此时人的密度大于水)人在水中会下沉、肺吸入一点点空气人就能浮上水面恰恰证明了这一点。此外,一升水的质量为 1 千克,因此,体重 60 千克的人的体积大约为 60 升。一般女性的体重为 70 千克左右,伊卡娜是一位登山导游、职业舞蹈演员,可以肯定,她的体重远远低于这个平均数,因此估算她的体重为 50 千克,所以体积为 50 升。——作者

问题 2

希望这确实能让你打破惯性思维 *，因为这样做也有助于解答书里的其他问题。

问题 3

令人惊讶的是，和直觉正好相反，两颗子弹会同时落地。

对发射出的子弹来说，有两种力在起作用：推动它前进的爆炸力，与地面呈水平方向；以及将它拉向地面的重力。撒手下落的子弹显然没有前行的动力，然而受到的重力是相同的。

我们感兴趣的是两颗子弹多久可以落地。它们落地的原因是由于重力，与射出子弹的前行速度无关。这一点与直觉极其不符，有些人很难接受，很难将水平运动和垂直运动分离开来。想象一下，你此时正从小型飞机上通过拆卸式楼梯走下来。如果你下行的速度不变，即使有人向左移动了楼梯，你抵达地面所需的时间会长一些吗？不会！那意味着即使你着地点不同，所需的时间也不会更长。

两颗子弹所受的重力相同，相当于它们以相同的速度走下飞机楼梯，所以会同时到达地面，虽然会落在停机坪不同的位置。

然而，上述情况只有在不考虑空气阻力的前提下才成立，我们在《科学指南》中曾指出过这一点。如果我们考虑空气阻力，射出的子弹相比直接坠落的那一颗落地的时间会晚一会儿。即便如此，差别其实很小，肉眼根本分辨不出。

---

* 你可能会对这个答案感兴趣："打破惯性思维"这个词组本身就来源于横向思维拼图，即：

笔尖不离开纸，你怎样画 4 条连续的直线连接 9 个点？（如果你正在冥思苦想，线索就在上文的推导中）。

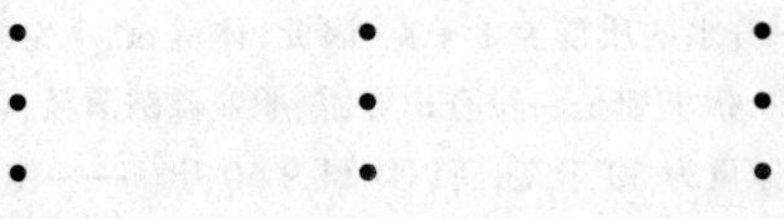

——作者

问题 4

希望你目前已经明白,这是一个关于浮力和排水量的问题。事实上,这样介绍这个话题有点业余。答案分 3 部分,逐点解释之前,我们首先看看几个一般性问题。

所有动物都待在浮在水面的船里,所以动物也都浮在水面上。正如《科学指南》里讨论过的,它们的排水量等于各自的重量。如果给每一个动物指定一个质量,听起来会更容易理解一些。假设企鹅的质量是 50 千克,企鹅将船往下压,船排出水量就是 50 千克。1 升水正好为 1 千克,企鹅现在是坐在船上而不是呆在动物园里, 它需要为泳池提升的 50 升水位负责……当然如果分摊在整个池面上,这个水位提升不算什么。同理,200 千克的野牛增加 200 升的水位,300 千克的企牛增加 300 升水位。若想确定每种动物进入泳池后水位发生的变化,我们需要搞清企鹅、野牛和企牛入水后各自的排水量,并与它们坐在船上时各自的排水量比较。

我们先从企鹅说起。如题中所述,它的密度与水相同。我们在讨论伊卡娜的重量和体积时知道,一升水的质量是 1 千克。所以,如果企鹅的质量为 50 千克(我们可以任意假设),那么它的体积就是 50 升。很显然,如果 50 千克重的企鹅完全浸没在水中,那么它排开水的体积是 50 升,水位也会相应提升。它待在船上时也排开 50 升水,因此船上的企鹅入水后对水位没有影响。

现在说到野牛了。尽管题目中有关它的信息不如企鹅那样明确,但我们还是可以推断出野牛的平均密度比水大——否则,它不会沉到池底。我们假设它质量为 200 千克, 假设它的密度等于水, 那么它的体积就是 200 升。但由于它的密度比水大一倍(这里为简单起见,我们假设它的密度是水的两倍。当然也可能是 3 倍、7 倍甚至是 1000 倍),它的体积就只有 100 升了。因此,企牛一旦入水并完全浸没之后,它的排水量是 100 升,而它在船上时,是 200 升,所以水位下降了。

最后,轮到企牛了。这个应该是 3 种情况中最简单的了。如果它入水后是浮在水面上的,之前在船里也是浮在水面上,那么它的排水量不变。两种情况下它的排水量都和重力相等。所以,和企鹅一样,它对水位并没有产生影响。

问题 5

这个问题的答案与前一道题一脉相承,所以开讲之前请容许我稍加借鉴。企牛浮在水面时,排水量与它的质量相等。譬如说,它质量为 300 千克(尽管这并不会对答案产生影响,只是更便于理解罢了),因此它的排水量是 300 升。尽管题目中没有明讲,但是文中提到,企牛高兴地浮在水池的表面,我们可以以此推测,它的密度小于水。为简化起见,我们还是把它的密度假设为水的一半:0.5 千克/升。这样我们得出企牛的体积为 600 升。这意味着此刻它一半身体在水下,这也解释了为什么它身上的毛是干的。

然而,一旦企牛被鲨鱼拖下水,很明显整个身体就完全浸没在水下,600 升的体积浸在水下,而先前这个体积的一半是在水面之上的,没有排开水。现在企牛的排水量总共是 600 升,因此游泳池水位上升了。

有些读者喜欢简要的归纳总结,那么下面奉上有关泳池船上抛物问题的规律:

如果物体的密度比水大,弃船入水时,水位会下降。

如果物体的密度与水相同,弃船入水时,水位将保持不变。

如果物体的密度比水小,弃船入水,假使物体完全浸没,水位会上升(尽管这需要一些外力,如潜入水下或被鲨鱼拖下水),或者水位不变(如果呈自然状态浮在水面上)。

问题 6

体重秤测量的是作用人体上的重力,因而体重秤上的读数就是伊桑的体重。因为屁是由气体甲烷组成,密度小于空气,所以气对伊桑的身体产生向上提升的浮力。因此,当伊桑释放了甲烷气体后,使他身体向上提升的浮力减小了,对秤产生的向下的力的净值增加,所以读取的伊桑的体重增加了。这就如你身体上绑着一只氦气球,给你的身体一个向上的力,从而减少了向下作用于体重秤上的力。一旦放掉气球,你的体重会增加些。气球与释放前的屁产生的作用是一样的。所以放屁后,体重秤上的人的体重读数会增加些。

让人困惑的是,对于伊桑的质量来说,却正好相反。屁也是由物质微粒构成的,所以当甲烷释放后,一些原子也挥发出去了,伊桑体内的物体的量减少了,伊桑的质量也减小了。

问题 7

不幸的是,这个方案不可能实现。我们可以从几个方面进行解释。根据能量守恒守律(即:能量既不可能被创造,也不可能被消灭,只能被转化),你可能会问:"能量是从哪里转化而来的呢?"同理,根据牛顿的第三定律,你也会提出疑问:"反作用于轿车的力呢?" 如果悬挂的磁铁拉着轿车向前运动,那么轿车会拉着磁铁向后运动。不过该磁铁安装在吊臂上,而吊臂又是轿车的一部分。

当然,最好的解题思路是沿着我们提示引领的方向。你不应该认为磁铁会带动轿车,也不要认为轿车会带动磁铁,因为,实际发生的情况是:它们在相互带动,而且正用完全相等的力相互带动。于是问题来了,轿车会朝哪个方向移动?当然,答案就是它不会朝任何方向移动。确实,它不会有任何移动。

用另一种思路来看,如果这种违背科学的方法奏效,我们就会用这种奇妙的方法避免任何碳排放,这种"磁铁轿车"也就一定随处可见。但实际是我们一辆也未见到,所以我们可以放心确认这个想法行不通。

问题 8

不想死,你就必须站在 A 点。一旦炮弹离开炮口,它必然沿直线运行,亦即沿着B运行。

当炸药爆炸后，炮弹会向前飞行，并且会一直保持向前飞行的状态。然而在炮膛里，炮弹向前飞行时，会受到炮筒的阻挠，从而沿着螺旋状路径飞行。一旦它离开炮口，再也不会受到这种阻挠，它就会沿着它“想”要的方向飞行。因此，它会沿着B所示作直线飞行。

也许，奥运会上的铁饼投掷及其他一些田径项目有助于说明问题。尽管铁饼运动员高速旋转，但铁饼一旦被扔出，它就会沿着直线运动。这个原理同样适用于炮弹。

你可能会奇怪，如果真是这样，那么足球怎么能够以弧线飞行，网球运动员怎么控制网球的反弹。这完全是两码事。因为在这两种情况下，球既向前运动又以某种方式旋转：向前的运动和出膛炮弹的运动一样；另外由于旋转和地球引力的作用，使得球产生其他形式的运动形式。

问题9

这个问题很有趣，因为在寻找答案的路途中，你必须把几个不同的科学话题汇聚在一起，明白这几个要点后才能理解。

如同问题中提到，事件发生在结了冰的、没有摩擦力的湖面上。实际上，这就意味着如果企牛拖动集装箱，结论会完全与我们的直觉相反：这对该动物的最快速度不会产生任何影响，即使集装箱的质量有1000吨。我们会否认这个结果，拒绝接受其正确性，可是，这不过是因为我们从生活中得到的所有经验，特别是涉及推或拖物体时，都是在有摩擦力的情况下。因为有摩擦力，也只因为有摩擦力，才使得物体难以推动。如果省去摩擦，你也就省去了许多麻烦(至少在平面上)。

由于这个原因，也由于企牛总是使出浑身解数，它可以在冰面上拖动集装箱，而且还会很乐意地达到它的最快速度30米/秒。这对解题有什么帮助吗？毫无疑问有帮助。你戴着手表吧(你是主管)？你可以用手表记下它从静止到每秒30米/秒这一速度所用的时间，亦即它耳朵张开，施加向后的力需要花多少时间。再问,这有什么帮助呢?这会帮助我们计算出该动物的加速度。加速度的公式是速度除以时间,那么,如果企牛耳朵张开需要花1200秒,那么,我们就可以得出,它的加速度是0.025米/秒^2。这对我们有什么用处呢?现在,我们就可以运用牛顿第二运动定律了(力=质量×加速度)来得出答案了。

力在问题中已经给出了(100N),我们刚刚算出了加速度是0.025米/秒^2,因此,要求解质量,我们只需要用力除以加速度:100/0.025=4000千克。

问题10

将两个加热器放在同一口锅里,一口锅里的可可牛奶热了之后,再将它们一起放另一口锅里加热,这样加热效率更好。解释如下:

加热液体(包括任何其他物体)时,能量发挥两方面的作用。第一个作用很明显:加热液体。这个作用是一定的,利用一个简单的公式就可以计算出来。如果只涉及这一作用,那么问题中的两种选择所花费的时间应该是一样的。

因此,第二个作用才是解答这道题目的关键所在。尽管和第一个作用十分类似,但却常常为人忽略:加热物体时,不仅需要提供热量以提高物体的温度,还需补充加热过程中散失的热量(技术上称之为耗散)。这个作用所需的能量可能只是一点点,也可能是加热所用能量的两倍、三倍甚至更多倍,这完全取决于外部环境的温度。因此,解决这道题,我们需要搞清楚,两个选择中哪一个散失到环境中的热量少一些。

这一点相当简单明了。一旦加热液体的温度超过室温时,它就开始向环境中散热,加热至沸点所花费的时间越长,损耗的能量就越多:热的液体和便携式取暖器向周围环境中散热从本质上说是一回事——房间里的取暖器工作时间越长,你的房间就越暖和。所以,我们选择的优秀方法应当是:可以在最短的时间内将液体加热至室温之上。

假如一个加热器加热一锅可可牛奶需要20分钟。那么,在整个加热的

20分钟时间内,锅一直在散热。

然而,如果把两个电热丝先放在一口锅里,然后再放到另一口锅里,那么,每一口锅最多只需要 10 分钟就可以热了。因为 10 分钟损耗的热量自然比 20 分钟损耗的少得多,所以可可牛奶也会热得快些。

问题 11

科学家说不计势能变化这个答案是正确的。恭喜你,这意味着他们替你把活儿都干了,你可以打道回府,在汉斯博士那里充当一个攻无不破、战无不胜的英雄了。

当计算物体向山上移动所消耗的功时,需要考虑势能的变化,因为你必须对抗重力的作用。这也解释了为什么推物体上山难,而在平面上推或推下山更容易:因为在平面上你无须克服重力做功,而推物体下山时,重力实际在助你一臂之力。那么为什么拉一条船逆流而上时(这当然也是一个斜坡),你就不需要考虑重力了呢?

解释这个问题又将我们带回到老朋友浮力那里。此时重力会被向上的浮力相抵消。计算漂浮物体所受浮力的公式证明,漂浮物体排开水量等于它们的质量,即浮力等于将它们向下拉的重力。如果浮力不能有效克服物体所受重力,物体就会像石头一样下沉。因此,不需要作额外的功对抗重力,浮力为你鞠躬尽瘁了。所以科学家们无须考虑其他。

这个奇怪的现象意味着,如果河水是静止不动的(当然这不可能,但就这么假设吧),那么拖船逆流而上所需的能量与拖船顺流而下所需的能量完全一样。很奇怪,不是吗?

问题 12

许多读者或许对这个问题已有所了解,然而问题太经典,太违反常理,所以还得提出来说一下。

尽管 3 个包裹质量不同,形状不同,它们全部同时着地。这里我们完全忽略空气阻力。不用担心,最后我们会回到这一点进行解释的。

直觉上,我们会认为重一些的物体下落的速度会快一些。但是这实际上是完全错误的。假如你从塔上同时扔下一块5千克的金属和一块10千克的金属(伽利略在比萨斜塔上干过一次,由此出名。不过那很有可能是杜撰的),你会期待10千克重的先落地。如果这块10千克的金属是由两块5千克的金属用绳子连在一起构成的,那么,两块5千克的金属下落的速度会比一块5千克的金属下落得快些,就因为它们被绳子连在了一起?假如不是用绳子,而是用胶水把两块5千克的金属粘在一起构成一块10千克的金属,又会怎样呢?上述思路不符合逻辑,因为没有理由认为,粘在一起的两块5千克的金属会比其中的任何一块下落得更快。

所以,物体的质量不会对其下落的速度造成影响。"阿波罗11号"飞船的宇航员在月亮上同时扔下一根羽毛和一个铅球,看,两个物体同时落地,清楚地说明这个问题。

当然,我们知道,前文中羽毛和铅球的实验在地球上是行不通的。因为羽毛太轻,无法克服空气阻力,因此只会飘下,不是落下。话虽如此,铅球这种物体落下时也要承受一点空气阻力,物体越大,空气阻力越大。然而,即便对于一些较大的物体而言,空气阻力的影响也不是很大的,尤其当下落的高度不大时。具体到本问题中的25米,空气阻力无暇对这些较重物体的下落产生明显的作用,它的影响可以忽略不计。

问题13

简而言之,由于重力的作用,水向下流动的速度会越来越快(所有下落物体均如此)。由于水的流量是恒定的,不会增加,也不会减少,这意味着,在一定时间里流经水柱任一截面处的水量都是相等的。水流的速度加快,如果水柱截面的直径不变,这意味着离水龙头越远处,水的流量就越大,这显然是不可能的。因此,水流必然变细以补偿水流速度的加快。你可能会奇怪水流为什么没有分成几股更小的细流,答案是水流表面的压力使它们汇聚在一起。

用机动车作类比,可以为我们提供一个看待该问题的新视角。想象一下,某个蛮横的交通法规规定,机动车道上任意一处,在 1 秒钟内必须刚好有 3 辆汽车通过,这就好比恒定的水流。但是当汽车行驶速度慢的时候,譬如,每个车道每秒只能有一辆车驶过时,想要达标,就要有 3 辆车在 3 条车道上行驶(相当于水柱变粗了)。当车子的速度较快时(就像水流在重力的作用下而加快一样),例如每条车道每秒可有 1.5 辆汽车驶过,这时有两条车道就可以了。如果车子的速度更快,每条车道每秒可有 3 辆车驶过,那就只需一条车道就可达标。

有点复杂,但是如果你的思路跟得上,这个类比真的很能说明问题。

问题 14

谄媚的萨姆是对的:加热后,硬币和硬币中间的孔都会膨胀,膨胀后的硬币比例与原来一样。

这招灵不灵在电脑上试试便知:画一枚硬币,就是一个大圈套着一个小圈,然后放大。放大会使硬币变大,就像受热膨胀一样。你可以清楚地看到,中间的孔也跟着变大,对应的比例和之前一样。

还可想象一下把硬币切开,分作 8 块,和分披萨差不多,如下图所示。

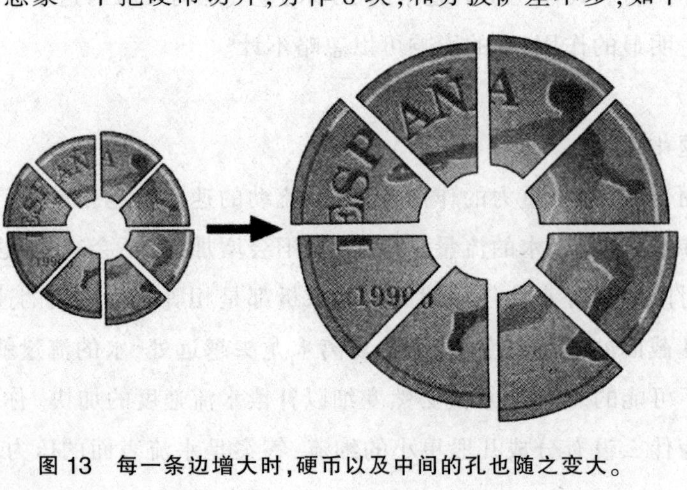

图 13　每一条边增大时,硬币以及中间的孔也随之变大。

你手里现在是被分成8块的硬币,如果你把“每一块”硬币所有的边都放大一倍,然后拼在一起,你会发现硬币变大了,中间的孔也随之变大。

所以,谄媚的萨姆使出了一条妙计。当然他还需搞清楚,硬币需要加热多少时间,还有就是确保西班牙人检查时不会逗留太久,后者可能更难一点。

问题 15

是的,一点点水也完全可以让样舰浮起来。向上的力——浮力,等于其排开的水的重力。假如样舰浮在水面上,那么作用于样舰的向上的浮力和向下的重力完全相等。

你需要弄明白“排水量”是怎么回来,就是样舰在水面以下的体积(无论水面多高)。样舰入水,水位会上升到模具边上的某点处,排水量就是取出样舰后,为保持同样水位必须添加的水量。这些水(很多很多的水)的质量将与舰的质量相等。这种情况适用于战舰的确浮在水面上,假如样舰的密度大于水,那么情况就会发生变化,船会沉到水底下。

理解排水量还有一种更清楚的方法。想象一下,巨大的模具盛满了水,然后你小心翼翼地把样舰放进去,此时从模具中溢出的水量就是它的排水量。注意:尽管模具里面剩下的水可能很少,但是假如样舰真的浮起来,排出的水的质量仍然一定和样舰的质量相等。

问题 16

曼迪进入水池,天平就会失去平衡。要让两端恢复平衡,天平右侧需要增加120千克的砝码。下面解释原因:

当曼迪入水后,她排开体积为60升的水(因为这就是她的体积)。我们已知,水中物体所受浮力的大小等于其排开的水的重力,这里60升水的重力为600牛(一升水的重力是10牛)。

由于每个力都有一个大小相等、方向相反的反作用力,因此,如果有向上的力作用于曼迪,那么必然有一个600牛向下作用于天平左侧的力。

与此同时,作用于吊臂的力则减少了同样的600牛,因为曼迪的重力由水的浮力作抵消。把这些力合在一起:左秤盘,增加了600牛的力,天平右侧,少了600牛的力,因此,为恢复平衡,你必须在天平右侧增加120千克的砝码。

问题17

思考这种问题时,多数人可能会想到,无论是采矿车经过凸起部分还是经过凹陷部分,之后的速度都会一样。确实如此。然而,这只回答了问题的一半,而且不幸的是,我们很可能还答错了:如果在两条轨道上,采矿车的初始速度和终了的速度一样,而中间的凸凹又正好相反,那么,经过两者所需的时间肯定相等?不是的。

采矿车越过凸起处时,在上升的过程中速度会下降,但下降时速度上升了。对于凹陷处来说正好相反:采矿车的速度先上升后下降回原来的速度。这就是能量转换,我们在开头的《科学指南》中曾提到过,因为没有摩擦力导致能量有任何损失。一旦采矿车回到平坦的地面,行驶的速度又会一模一样。因此,初始和终了时的速度是一样的。然而,正是那麻烦的中间一段有很大的不同。下面加以解释:

当小车越过凸起处时,起初上升时会减速,后来下降时会获得失去的速度。这意味着,在它驶过凸起处的整个过程中,采矿车行驶的速度要比平地速度慢。相反,当小车经过凹陷处时,先在下降时提升速度,其后上升时降低速度。这意味着,在采矿车驶过凹陷处的整个过程中,它的速度要比平地速度快。因此,采矿车经过凹陷处的时间,显然会比经过凸起处的时间短些,因此选择有凹陷处的轨道会更快地抵达终点。

另外一种理解方式是,抛开两个轨道,想象两个长跑运动员并排跑步。他们跑步的速度一样,然后一位突然先加速后减速(尤如经过凹陷处),而另一位则先减速后加速(尤如经过凸起处),其后他们又都恢复到初始速度(通过了凹陷、凸起处之后),毫无疑问,先加速后减速的那位运动员会跑在前面。

看了答案后你会认为这个结论似乎是显而易见的。这个例子充分说明,我们的大脑做出的假设有时会非常不准确,但想要避免又很难。让人不堪烦忧啊!

问题 18

曼迪担心是有道理的:伊桑的计划着实恐怖,如果实施,炸药就会落在小车里,无疑既结束了这次任务,也结束了这两位英雄的性命。

在采矿车里的炸药以及其他所载物品都在做速度相同的运动。当炸药被竖直向上抛出时,它仍然具有向前的水平运动速度,不会随意地停下。由于炸药与小车两者水平运动的速度一样,所以当炸药下落时,它会径直落回到采矿车里。还记得第一部分的子弹问题吗?在那个问题中,两颗子弹受到同样的竖直向下的重力,但是却具有不同的水平方向的运动。垂直方向和水平方向属于完全不同的两个方向,两个方向的运动不会相互影响。所以,正如射出子弹的水平运动不会影响它与竖直下落的子弹在同一时刻落到地面上,炸药在竖直方向的运动也不会影响它具有与小车一样的水平运动。

事实上,当我们把球抛向空中时,我们就在不断重复这一现象。只不过,此刻是地球正在以约 107000 千米/时的速度运行,扮演着小车的角色。如果你此刻出门,把球竖直抛向空中,它一定会落回到你手中。所以小车与炸药之间怎么会有不同呢?或者,如果这个场景还不好理解,那么请你再想一想,假设你坐在火车里,把球竖直向上抛,看看它会落在何处?

不过,如果速度极快,或者物体极大,结果会有所不同。这时空气阻力会让这里的科学原理复杂化。比如,如果还在同样的那辆火车上,你把球径直向上抛出车顶,空气阻力就会使得球落在你的后方。

问题 19

伊桑又一次错了,不论他唱多少遍 E 调舞曲,你都不要把岩石扔出采矿车。

这是关于动量或惯性的问题。物体质量越大,运动速度越快,它的动量就越大。换一个角度,你可以想一想,阻止一个物体运动有多大的难度。比方说,在驾驶汽车时,如果你把脚从油门移开,也不踩刹车,轿车不会因此就突然停下,它会继续行驶一段时间,直到摩擦力最终让它停下。动量的计算公式为:动量=物体的质量×它的速度。你可能不知道这个公式,但很多日常经验都遵循于它。回到轿车问题上来。我们知道,把脚从油门移开前汽车行驶的速度快一些,之后轿车就会滑行得久一些。同理,我们还知道,车辆的质量越大,需要让它停下的时间越长,因此司机刹车的时间就要提早许多。这两个例子表明,速度越快或质量越大,车辆的动量就越大。

岩石落到采矿车里随小车一起运动,它们也就获得了一定的动量。这凭直觉就可以理解:如果它们没有获得动量,就不可能与采矿车一起运动了。当然,岩石获得了动量后,采矿车的速度会稍微减小些。正如前面提到的,动量的计算公式为质量×速度,现在总质量增加了,动量没有变,所以速度必然降低。假设岩石落入前采矿车的动量是 10 000kg·m/s,即 1000kg×10m/s。如果一块 250kg 的岩石落入小车,那么动量就是 1250kg× xm/s= 10 000kg·m/s,这样,新的速度 x=8m/s(10 000/1250=8)。

目前这个问题不是他们能够多快地抵达出口,而是伊桑和曼迪的采矿车是不是有足够的动量抵达出口。由于他们现在行驶在有摩擦力的轨道上,摩擦力不断地消耗能量,使车子减速。实际情况是采矿车一边行驶,一边消耗动量以克服惯性。由于我们不能增加速度,为了让小伙伴们能抵达出口的概率最大化,我们必须尽量多地保存动量。

正如开始时所讲,当岩石落入小车,它们就会获得小车原来的部分动量。按照前面的举例,岩石现在具有总动量的 1/5(1250kg/250kg=1/5),因此如果把岩石扔掉, 它们携带的动量会随之消失, 结果导致总动量从 10 000Kg·m/s 下降到 8000kg·m/s。动量减少,意味着采矿车克服摩擦力所需的动量减少了。这表明采矿车扔掉岩石后会过早地停下。

所有这些都有点凭感觉。你知道,如果有人推着车向你走来,一辆车装的是羽毛,另一辆车装的是砖,让装羽毛的车停下显然要比装砖的车停下容易得多。因为前者轻多了,惯性也小多了。这与轨道摩擦力是一样的道理,只不过你是用推力很快地让车停下,而轨道摩擦力需要花一定时间才能让车渐渐停下。

也许你想知道为什么我们规定岩石只可以从采矿车的下方扔掉。因为这样可以“利索地处理”岩石,也就是说,不会导致新的问题产生——扔岩石会影响采矿车的速度。如果岩石是从采矿车后面或前面扔出,情况就不一样了。

总之,给伊桑一巴掌,告诉他清醒些,不要把岩石从采矿车的下方扔出去。

问题 20

不幸的是,曼迪的建议行不通:桥会坍塌,不过,他们还有一个选择。下面就是解释:

鸟通过向下推动空气而向上飞行。向下推动空气,就给鸟提供了向上运动的力。这与飞机飞行的方式完全不同(气流穿越机翼时,因机翼上下压强不同而产生向上的力)。

鸟的飞行更像直升机。向下推动空气,直升机就向上飞升了。如前面所述,每一个力都有一个相应的反作用力,如果空气被向下推动,便有向下的力作用于车厢地面,这个力比鸟停在车上的作用力大。这容易理解,因为此时车厢地面不仅要支撑鸟的体重,还要支撑鸟为起飞而产生的向下的力。后者这个额外的力实际上加大了整个卡车的重力,因此这个策略不行。

然而理论上有一个策略可行,不过如果要付诸实践,很大程度上取决于卡车的高度和它行驶过桥的时间。

这个策略要求这只羽翼恶魔训练有素,且具有精准的执行能力。准备好,听我细细道来。首先,这只羽翼恶魔需要受训,当卡车正要抵达桥体时,让它飞到卡车顶部,抵住天花板,然后就在卡车接触到桥面时,它收住翅膀做自由落体运动,就像石头一样坠下来。

在这种情况下,只要鸟处于自由落体状态,就不会对卡车产生任何作用。在自由落体过程中，由于鸟不受空气阻力的影响，因此也没有相应的反作用力作用于车厢地面，当卡车驶过桥梁时，不会增加对桥面的压力。

然而这个情况也不保险，因为很快就会有更大的力施加在车厢地面上——鸟的力。

这可以是由于鸟坠落车厢地面而产生的力，也可以是由于鸟为了阻止下落而突然张开翅膀飞翔或滑行而产生的力。在这动作发生之前，要求卡车驶过桥面是不大可能的，除非卡车的速度极快而桥又很短，或者这辆车有足够的高度，使鸟的自由落体过程持续时间够长，当然所有条件都满足就更好了。

不大可能，但只能如此。

问题 21

想象汽车仪表盘上有一节排水管，管里面装着一个网球。你向右转弯，球滚向左边。正常的气球就是这样，它的运动方向与转弯方向相反。

再想象一下，排水管里塞满了网球，一个个动弹不得。然后取出中间的一只，这样就有了一个“空位”，严格地说，是一块密度略小的地方。车向右转弯，所有的球都试着向左运动，但只有空位右边的球才能动弹。我们对空位比较感兴趣。空位处的情形将会怎样呢？实际上它发生了向右的位移。密度略小的区域就是这样，它的运动方向与转弯方向一致。

就氦气球而言，它会尽量向转弯方向运动，因为车内重一些的空气（如排水管中的网球）都会穿过它朝相反方向运动。你向右转，氦气球会跟着你向右转。当然，因为它被拴在手刹上，所以移动的距离有限。

问题 22

这股热气跟着你转过拐角——所以它从右吹过你的脸。同理，当你向左转弯的时候，气流自右向左掠过你的脸，进入直道之后，它又径直吹到你的脸上……和你想象的不尽相同！

我们先把气流放在一边，想一想网球。假如你在火车车厢的地面上顺着火车前进的方向滚动一个网球，那么，当火车转弯时，球会试图继续沿着它原来的轨道保持直线运动，这意味着它此时的运动方向与火车转弯的方向相反：火车向右转，球会朝车厢左侧滚动。*

现在让我们走到车厢的另一端，向与火车前进相反的方向滚动第二只网球。现在，当火车转弯时，球的运动情况刚好相反：由于它依然试图保持原来的方向，它的运动方向将与转弯方向一致。

气流的运动方式与第二个球的情况完全一样。

问题 23

又一次与你的预期不同。对于犹疑不决的英雄们而言，滑下山坡比滚下山坡更快一些。不过，从生活经验来看，似乎滚动明显会比滑动快。不幸的是，这个直觉大错特错了。

气缸(其实是任何物体)下山时须将它有限的重力势能转换成动能(运动的能量)。转换的能量越多，它运动得就越快。

如果气缸凭其底部运动下山，即滑行，那么圆柱体的所有势能将全部转换成下山的动能。相反，如果气缸滚动下山，那么部分势能需用于圆柱体的滚动。这样，气缸下山可以利用的动能就少了些，下山的速度就会变慢。

因此从理论上讲，滑行比滚动更好。当然，如果你卸下汽车上的轮子，推着轴承走，你会迟到的。要是你在溜冰场上，采用推动汽车滑行的方式确实会比采用汽车轮子滚动前行的方式更节约上下班时间。不过，也可能会

---

* 只要你找到大小合适的地毯，在家里你也会看到同样的效果。沿着地毯的中线滚动一只网球，同时在它运动的时候慢慢地把地毯拖向左边。这样做有点难，拖地毯最简单的方法是稍微拎起地毯的一边，这样才能使上劲；可是实验就不准确了。因为这样一来，地毯形成一个坡，球会滚到一边去。如果你可以做到不拎起地毯的一角，你会发现球试图保持原来的轨迹向右滚动，似乎离你而去。实际上它并未远离你，它运动的参照物是地毯。如果你站在地毯上，找到一个大力士帮你做实验，球会像在火车上一样滚动，离你越来越远。或者下一次你坐火车时就带上一个球，这样更简单。当然在客流高峰时期不建议你这么做。——作者

更复杂,因为,这还取决于摩擦力的大小:摩擦力太小则轮子无法滚动;摩擦力太大,则滑行困难。

问题 24

水结冰后体积会膨胀,这就是为什么冰会浮在水面上的原因,因为它密度变小了。因此认为冰融化为水后,体积减小,水位会下降,这也是情有可原的。当然,你也可能看出了这个解释的愚蠢之处,然后认为因为只有一部分冰位于水面以下,当水面上方的冰融化后,水位一定会上升。不幸的是,这两种答案都是错——水位丝毫不会改变。

你差不多可以争取普林斯顿大学浮力教授的终身职位了,所以现在你很明白,作用于一个漂浮物的浮力等于它所排开的那些水的重力。由此再作进一步思考,被排开的水的质量等于冰整体的质量,否则冰就不会处于平衡状态,它要么下沉,要么有更多体积浮出水面,直到排开的水量与冰的质量相等。

冰融化为水后,其质量显然没变:它不会仅仅因为变成了水而变轻或变重。推理的最后一步是:如果融化的水与当它还是冰时所排开的水量一致,那么,它的体积也一定是相同的。因此,它将恰好填充了冰融化前所排开的水的空位,水位保持不变。

聪明不聪明?

这就引来一个新的关于全球变暖的话题(考虑到本书主角们对职业的忠诚,这也是非常切题的)。气候变化的一个巨大威胁就是冰川融化导致海平面上升。然而我们刚刚证明,冰融化并不会导致水平面的上升。但不幸的是,这只是适用于浮在水中的冰,比如北极的冰。如果北极的冰明天都融化了,那么海平面一点也不会上升。然而,格陵兰岛和南极洲的冰并不是浮在水中,而是位于陆地上。因此,所有这些冰融化而来的水是会提升海平面的。结论是,如果你想要举办一个极地篝火庆典,就去北极吧,记得带上针织套衫哦!

问题 25

有 3 个选择供你分析并选出答案:第一个,什么也没有发生;第二个,有些氦气从非常鼓的气球进入瘪的气球里面,这样两个气球才能达到平衡;最后一个选择,所有的氦气都移到一个气球中。

第一个选择太无聊了,如果仅仅是出于这个原因,我们也希望你们不要在上面花太多时间。第二个选择是多数人凭直觉想到的,科学喜欢平等,这个选择完全平等——但不幸的是,这个答案如第一个答案一样不正确。那就意味着一定是第三个选择了——所有的氦气会移到其中一只气球中。也就是说,埃里克的那只瘪塌的气球里面的氦气,都会跑到"大地之友"们的气球中去,使得它不再有任何向上的推力,只能悬挂在"大地之友"的篮子下方,听命于彼。这就意味着,这一次,伊桑实际上提供了一条妙计。下面是解释:

当你吹鼓气球时,会受到一定的阻力,需要用力才吹得起来。这是因为气球里面的橡胶——具体而言是橡胶里的张力——正在抵制你所呼出的气体,也即是说拒绝膨胀。张力是一种力,作用于鼓起气球里面的氦气,就像你在家吹气球时它起作用一样。

然而,根据经验你知道,最难吹鼓气球的时候是初始气球很瘪的时候。一旦你让橡胶膨胀了一点点,后面就容易多了,但是之前,需要你相当用力地吹。这是因为,气球表面膨胀越小,表面张力的作用就越明显,因而吹起来就越难。随着你把气球吹鼓,气球表面积变大了,张力的作用就减小了,这就意味着,随着气球膨胀,它就越来越容易变大。

因此,施加于膨胀气球中气体上的力,要比施加于扁瘪气球中气体上的力小。就像液体一样,气体总会选择最容易行走的路线,因此扁瘪气球里面的气体会想:"见鬼去吧!我不要呆在这里,和这更大的敌人做斗争,我要溜到另一个气球中去享清闲。"这样,在扁瘪气球里的氦气都会移到膨胀的气球中,让后者更加鼓胀。当然,如果这额外进来的氦气使得张力超过了限度，气球就会爆炸，所有人都会送命。所幸这并没发生。

问题 26

加入第二种液体后，实际上会导致埃里克在罐子中比之前稍微上浮一些。这稍稍有悖于常理，因为在埃里克上方多加的液体让埃里克下沉的想法似乎更合理一些。但是所有最好的问题似乎都有悖于常理。

在我们考察第二种液体的影响之前，让我们先看看埃里克站在“醋”里的情形。具体来说，我们先来考察一下此时埃里克所受到的浮力。令人吃惊的是，此时两种不同的浮力在起作用，一种很明显，另一种不那么明显。

很明显的是，由于他的腿排开了一些醋，从而导致他受到浮力。从前面的问题我们知道，这个浮力等于他所排开的“醋”所受到的重力。这里浮力多大并不重要，重要的是“醋”在把他向上推。第二种作用相当微妙，以至于我们不仅仅在书中其他问题中忽略，而且在生活中也常常将之忽略掉：埃里克身体上半部分排开的空气也在提供一些向上的浮力。人在空气中的浮力很小，但却遵循同样的规律。由于我们生活在空气中，处在巨大的“空气池”的底部，就像第一部分游泳池里的野牛，我们时刻都在被空气用力向上推，这个推力等于我们的身体排开的空气所受到的重力。空气很轻，所以这个力基本可以不计算在内*，这就是我们常常忽略它的原因。然而，它依然存在，而且会把埃里克微微向上提。

现在，当第二种液体倒在埃里克上半身所处空间时，就取代了空气。显然这时空气向上的推力消失了。不过这种新的液体对埃里克的身体也会提供向上的推力。而且这种液体的密度比空气大许多，因此对埃里克产生的浮力要比空气大许多。随着向上的推力的增加，埃里克也会稍稍上移一些。

---

* 普通人的身体体积大约为 70 升，即 0.07 立方米，海平面上处于室温下的空气平均密度是 1.21 千克/米^3。两者相乘数值为 0.084 千克或 84 克。你周边的这些空气产生向上推你的力，差不多等于一只小西红柿的重力。有趣的是，这意味着如果你想省下汽油和机票而又能飘浮在空中，你有两种选择：一是节食，直到你的体重小于 84 克，而体积没有减小。或者在不增加体重的情况下，扩大你的体积到与一辆卡车相当。——作者

致谢

托马斯·伯恩：

首先我要感谢我的家人和朋友；感谢乔，虽然他总没个正型；感谢马特的帮衬，虽然有时慢了一些；感谢本，为我做海外宣传。感谢父亲母亲，一直陪在我左右；感谢奶奶，给我炖羊汤和其他食物，还“啊！啊啊”地惊叹不已。感谢安妮为我做奶油糖霜，还把沙发让给我；因为其家人而感谢本·D(哎哟，有点意味深长……这个玩笑有点冷)，有他才有完整的TLAP阵容(尽管由于众所周知的原因，今后的剧集中我们得换掉P)；感谢布鲁斯拓宽了我的文化和宗教视野，还帮我暖脚；感谢丹令我沮丧还大笑不已；感谢迪恩一家热情好客，还好和过去相比更随意了；感谢杰克，当我不在的时候，保证工作正常运转(我保证今后再也不擅离职守)，还和我一道创造了众多故事人物。感谢杰西，给我用不完的凡士林；感谢约瑟夫，他的笑话很糟糕，有一个相当悲惨的笑话还被我写进了书里。感谢乔希，去年十二月完全忘了他的存在，而比萨还让他陷入绝望，感谢他和我重归于好(开心)；感谢迈克像猪一样地哼哼以及他那摩根自由人似的感觉。感谢大家，他们都值得一提。不过以上一番评头品足之后，持这种观点的人恐怕一个也没有了。

就这本书而言，我还要感谢编辑迈克，感谢他的帮助、创意和苛刻(有点不情愿)。最后还要感谢所有科学家，不论他们赫赫有名还是籍籍无名，有他们才有了这本书。尽管书中的问题是我们自己编造的，但是追根溯源，大部分还是来自于历史和科学的巨大熔炉，所以特别感谢多年来默默为我们的创作助力的所有人。

最后，我还要感谢杰克。

汤姆·卡西迪：

感谢辛迪，我可爱的妻子，她优雅仁慈，是我灵感的缪斯。感谢我的孩子们，他们看待生活的方式提醒我们需要向下一代学习的地方还有很多，这真令人幸福。感谢我的家人——我的兄弟姐妹，尤其感谢我的母亲，但愿我们可以继承她的天赋和慷慨。他们帮助我创建了“卡西迪学习宝库”。感谢达夫斯、托马斯、本、马特及其前女友、托比、希尔曼、德国瑞士国际学校的斯蒂芬妮、德·席尔瓦、丁以及在艾米代尔国际预科物理课程上遇到的几名小伙子，感谢你们一直以来与我分享疯狂解题的捷径与激情。感谢《小鸡》杂志，以及这个时代世界上有所贡献的所有人。最后感谢我的父亲，是他激励我走上解题之旅，而他自己已于2008年去往天堂。

感谢我的书。

How To Save the World With Salad Dressing:

And other outrageous science problems

by

Thomas Byrne & Tom Cassidy

Published by agreement with the Oneworld Publications

through Andrew Numberg Associates International Ltd.

上海科技教育出版社业经安德鲁版权代理公司协助

取得本书中文简体字版版权

责任编辑 赵亚楠 侯慧菊
装帧设计 杨 静

"让你大吃一惊的科学"系列丛书
如何用沙拉酱拯救世界
——以及其他稀奇的科学问题
【英】托马斯·伯恩(Thomas Byrne)
【英】汤姆·卡西迪(Tom Cassidy) 著
范秀华 唐再凤 译

出版发行 上海科技教育出版社有限公司
(上海市闵行区号景路159弄A座8楼 邮政编码201101)
网 址 www.sste.com www.ewen.co
经 销 全国新华书店
印 刷 天津旭丰源印刷有限公司
开 本 720×1000 1/16
印 张 8
版 次 2017年7月第1版
印 次 2022年6月第2次印刷
书 号 ISBN 978-7-5428-6513-7/N·988
图 字 09-2014-912号
定 价 32.00元